熱誠の人
吉田松陰語録に学ぶ

人間力を高める生き方

松陰神社名誉宮司
上田俊成
Ueda Toshishige

致知出版社

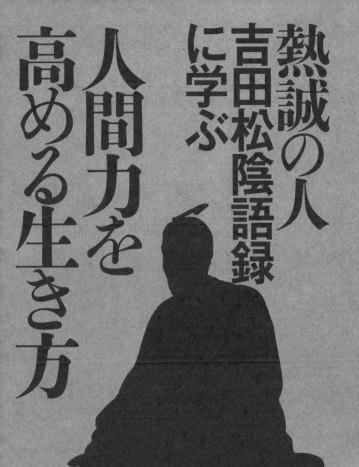

一、志を立て

二、友を

三、聖賢の

読み

実行する

序

吉田松陰の三十年の生涯は、まさに強烈の一語であり、学問観、教育観、国家観、世界観、人間観、人生観、家族観、死生観、時事問題等、その思索と行動は多岐に亘《わた》り、溢れん許《ばか》りの情熱を以って激動の幕末期を駆抜け、新しい国の形づくり、明治維新即ち日本の近代化の魁《さきがけ》となり、大いなる指針を示された。

膨大な著作の中から一部の語句を選定して、松陰の思索と行動を年月を追って辿り、その変化を探っていくことは難題ではあるが、一つの試みとして敢えて挑んでみた次第である。

多種に亘る思索の中から、学問観、教育観、国家観、人間観、死生観に関する語句を中心に百二十一篇を選定して年月を追って記載し、現代語訳と背景や編者の感想等を記し、松陰の思索と行動の推移が掴《つか》めることを期した。

高々百二十一篇の語句でその推移を充分に推し量ることができるとも思えないが、学問に対する厳しく真摯な取組み、志を立てることを強調し、個性を見抜く力の教育観、今何をなすべきかという強烈な憂国の情と華夷弁別《かいべんべつ》による国家観、飛耳長目《ひじちょうもく》と名付けた情報収集への取組み、透徹《とうてつ》でありながら思いやりと優しさのある性善説に基づいた人間観、超越した死生観等の一端を汲み取って貰うことができれば幸いとするところである。

語句の解釈については、大和書房版『吉田松陰全集』の頭註及び松風会編・発行の『吉田松陰撰集』の脚注、解説文を参考にさせて貰った。就中《なかんずく》撰集の解説文には負うところが多く、敬意と感謝の意を表するものである。

全集や撰集では一般的にはなかなか読みこなすことが困難であろうと思えることから、このような出版を試みたものであるが、大方のご批評を仰ぐ次第である。

凡例

一、吉田松陰十七歳から三十歳に至る百二十一篇の言葉を原則年月順に掲載した。百二十一の二十一としたのは、松陰の別号である二十一回猛士に因んだものである。

一、見開きの二ページに、松陰の言葉、出典、年月、年齢及び現代語訳、解説、背景等を記載した。

一、言葉、語句の選定は、大和書房版『吉田松陰全集』(山口県教育会編)及び『吉田松陰撰集―人間松陰の生と死―』(財団法人松風会編及び発行)によった。

一、年齢はすべて数え年である。

一、松陰の言葉、和歌は旧仮名遣いとした(振り仮名はのぞく)。

一、漢字は原則常用漢字とした。

一、巻末の吉田松陰年譜は、『吉田松陰撰集』の年譜を参考にした。略年譜の年齢欄の○囲み数字は本書の言葉の通し番号である。

熱誠の人　吉田松陰語録に学ぶ人間力を高める生き方＊目次

第一章　青年の志（一八四六～一八五三年）

第二章　渡航失敗（一八五四〜一八五五年）

第三章

獄中教育（一八五五～一八五六年）

第四章　松下村塾（一八五六～一八五八年）

第五章　尊皇攘夷（一八五八〜一八五九年）

第六章　皇国への想い（一八五九年）

装　幀――秦　浩司
本文デザイン――スタジオファム
吉田松陰肖像画・松下村塾写真――松陰神社蔵

第一章

青年の志（一八四六～一八五三年）

一　志を立てる

弘化三年（一八四六）・十七歳

道《みち》の精《せい》なると精《せい》ならざると、業《ぎょう》の成《な》ると成《な》らざるとは、志《こころざし》の立《た》つと立《た》たざるとに在《あ》るのみ

松村文祥《まつむらぶんしょう》を送る序《じょ》［未忍焚稿《みにんふんこう》］

「未忍焚稿」は、松陰十六歳から二十二歳の間の約四十篇の詩文集である。

【解説】

精は、雑念を交《まじ》えず一筋に実行し生きるさまをいい、業は、己の目指した学問や仕事をいう。

人の道を正しく立派に生きるかどうか、また自分の目指した学問や仕事が成功するかしないかは、まず確《しっか》りとした志を立てることから始まるものであり、高い志があれば何事もできないことはない。

友人の松村文祥が医学修業に出る時に送った言葉であるが、松陰自身が藩校明倫館の一人前の師範になろうとして、懸命に努力していた時期であり、松陰の気迫が満ちている。

二　気の漲り

弘化三年（一八四六）・十七歳

夫《そ》れ志《こころざし》の在《あ》る所《ところ》、気《き》も亦《また》従《したが》ふ

松村文祥を送る序［未忍焚稿］

【解説】

確固《かっこ》とした志があれば、気力も張り勢《みなぎ》いが生じてくる。

この言葉のあとに「志気《しき》の在る所、遠くして至るべからざるなく、難《かた》くして為《な》すべからざるものなし」という言葉が続いている。

強い志と気力があれば、いかに目指す目的が遠くにあろうとも到達できないことはなく、いかに困難と思える仕事でもできないことはないと、松陰は松村文祥に対しても、自分に対しても奮い立たせている。

三　物を玩ばず

弘化四年（一八四七）・十八歳

物《もの》を玩《もてあそ》び
志《こころざし》を喪《うしな》ふなり
位《くらい》に素《そ》して行ふ

平田先生に与《あた》ふる書　［未焚稿《みふんこう》］

「未焚稿」は、松陰十六歳から二十三歳の間の六十篇の詩文集である。
平田先生……平田淳（新右衛門）、松陰の漢学の師。明治十二年歿　八十四歳。

【解説】

ある物を愛玩し過ぎると、志を失ってしまう。現在おかれている立場、地位をもとにして最善を尽くすべきである。

この言葉のあとに、今の立場（位）の思いを以下のように述べている。

人生の処し方としては仁を目指し、志を錬磨《れんま》するには正義を貫くことを心がけ、治世（平時）には盾《たて》となり城となって国を守り、乱世には爪牙《そうが》（頼みになる下臣）となって外敵と戦って国を守る、と。

『書経《しょきょう》』及び『中庸《ちゅうよう》』の言葉であるが、このころの松陰の思考歴をよく表わしていると言える。

四　大器晩成の道理

嘉永元年（一八四八）十月・十九歳

万事《ばんじ》速《すみや》かに成《な》れば堅固《けんご》ならず、
大器《たいき》は遅《おそ》く成《な》るの理《ことわり》にて、
躁《さわが》し敷き事《こと》にては
大成《たいせい》も長久《ちょうきゅう》も
相成《あいな》らざる事《こと》に之《こ》れあるべく候《そうろう》

明倫館《めいりんかん》御再興に付き気附書

明倫館……萩藩の藩校。享保四年（一七一九）萩に創設された。天保の改革の一環として、藩主毛《もう》利敬親《りたかちか》が文武興隆を企図して、内容の充実を命じ、嘉永二年（一八四九）正月に新館が落成した。

【解説】

どんなことでも速くやり過ぎればしっかりとしたものにはならず、大器は晩成《ばんせい》の道理であって、急いで拙速《せっそく》にやるようでは大成も長続きもならないであろう。

明倫館再興についての意見聴取に応じて松陰が気付書を提出したもので、文武稽古、賞罰、規則等多岐に亘《わた》って意見を具申している。

松陰は九歳で藩校明倫館の家学《かがく》教授見習《みならい》となり、十歳で初めて教授し、十九歳で後見人が全てなくなり独立した師範となる。家学は山鹿流《やまがりゅう》兵学《へいがく》で、吉田家は代々兵学師範として藩主毛利家に仕えた。

五　博にして精

嘉永二年（一八四九）・二十歳

博《はく》にして精《せい》ならざれば
則《すなわ》ち冗《じょう》なり。
精《せい》にして博《はく》ならざれば
則《すなわ》ち陋《ろう》なり

武教全書《ぶきょうぜんしょ》を読む　［未焚稿］

「武教全書」……山鹿素行《やまがそこう》（一六二二〜一六八五、江戸時代前期の兵学者、儒学者）の兵学に関する主要著書。吉田家の家学（家の学問）である山鹿流兵学の中核をなすものであり、藩校明倫館の兵学師範である松陰にとって精通しなければならない重要な書である。

【解説】

和漢の古今の書を広く読みあさることを博といい、奥義《おうぎ》を究め細部に亘《わた》るまで分析することを精という。

広く読んで多くを知って博識ではあるが、奥義を極めた精でなければ、それはまとまりがなく、冗漫《じょうまん》である。しかし、一部に精であってもより広い博でなければそれは見識が狭い陋《ろう》である。

即ち、博であり、しかも精でなければならないと松陰は心に深く刻んでいる。

六　学問の筋道

其《そ》の道《みち》に由《よ》れば、
則《すなわ》ち遠《とお》しと雖《いえど》も至《いた》るべく、
其《そ》の統《とう》に由《よ》れば、
則《すなわ》ち繁《しげ》しと雖《いえど》も理《おさ》むべし

嘉永二年（一八四九）・二十歳

武教全書を読む［未焚稿］

【解説】

学問の源流（もともとの起った意味）を求めて遡《さかのぼ》れば必ずその流れに乗って学問が進んで奥義《おうぎ》に達するという意味の言葉が右の語録の前段にある。

学問にせよ物事にせよその道に達するには筋道があり、その筋道に従っていけば、いかに遠くとも必ず達することができる。また学問の道統《どうとう》即ち受けつがれた教えに基づいていけば、煩雑《はんざつ》と思えるものも理にかなって筋道を正すことができる。

学問に対する取組みの基本的考え方を述べている。

七　周遊の益

嘉永三年（一八五〇）九月・二十一歳

心《こころ》はもと活《い》きたり、
活《い》きたるものには必《かなら》ず機《き》あり、
機《き》なるものは触《しょく》に従《したが》ひて発《はっ》し、
感《かん》に遇《あ》ひて動《うご》く。
発動《はつどう》の機《き》は周遊《しゅうゆう》の益《えき》なり

序［西遊《せいゆう》日記］

「西遊日記」は、嘉永三年八月下旬から同年大晦《おおみそか》にかけて、平戸、長崎、熊本を歴遊した時の日記である。松陰が初めての藩外への旅であった。

【解説】

人の心というものは、もともと活き活きしたものである。活気があるものには必ず何かのきっかけ、動機があるはずである。その動機は誰かとの触れ合いによって起り、感銘を受けることによって働き始めるものである。そのような発動の機会を得られることが旅の利点である。

旅に対する松陰の躍動感が伝わってくる言葉である。

八　勧農富民の必要性

嘉永四年（一八五一）正月・二十二歳

民《たみ》富《と》まずんば仁愛《じんあい》将《は》た何《いず》くに在《あ》りや

家兄《かけい》に与《あた》ふる書［未焚稿］

実兄杉梅太郎に宛てた書付けである。

【解説】

民が富まなければ即ち人々の生活が安定しなければ、人々を慈《いつく》しみ思いやる仁《じん》愛《あい》が果たせたとは言えない。

この言葉のあとで「民を富ますは稼穡《かしょく》に在り」とも述べていて、活きる糧《かて》である農業の振興こそ根本であるとしている。

勧農富民《かんのうふみん》の必要性を主張している。


稼穡……春に作物を植えつけ、秋に作物を収穫すること。稼は植えること。穡は穀物を取り入れること。農業を意味する。

九　死して後已む

嘉永四年（一八五一）八月・二十二歳

死《し》して後已《のちや》むを以《もっ》て
自《みずか》ら戒《いまし》め候事《そうろうこと》に御座候《ござそうろう》。
しかし是《こ》れは外《そと》に馳《は》せ人《ひと》に勝《かち》を求《もと》むる事《こと》に相成《あいな》り
深《ふか》く懲《こら》すべき心《こころ》に御座候《ござそうろう》

兄杉梅太郎宛［書簡］

兄宛の手紙で学問に対する姿勢と決意を表明したものである。

【解説】

学問にしても行動実践にしても死ぬまで努力し続ける決意であり、常に自らを戒めている言葉であります。

外に心を向けて他人と争って勝を求めることになりやすいので、深く戒《いまし》めて常に省《かえり》みる心を持ち続けなければならないと思っています。

この死して後已むの言葉は松陰が書き上げた「士規七則」にも記してあるが、もとは『論語』の言葉である。

「士規七則」（本書三十四番参照）には、「死して後已む（死而後已）の四字は言《げん》簡《かん》にして義《ぎ》広し。堅忍果決《けんにんかけつ》、確乎《かくこ》として抜くべからざるものは、是れを舎《お》きて術《すべ》なきなり」とあり、この言葉は簡潔であるが、意味は広くて深いものがある。意志が強固で決断力があり、しっかりとしていて動かすことのできないものはこの言葉をおいてはほかにないと言い切っており、松陰の学問と実践に対する決意の固さが厳《げん》に表われている。

十　志は場所を選ばず

嘉永四年（一八五一）八月・二十二歳

苟《いやしく》も能《よ》く志《こころざし》立《た》たば、
為《な》すべからざるの事《こと》なく、
為《な》すべからざるの地《ち》なし

中村士恭《しきょう》の国に帰るを送る序［未焚稿］

中村士恭は、長州藩士で明倫館学頭であった中村牛荘《ぎゅうそう》の長男で、松陰は「邸中にて一等の益友《えきゆう》」と高く評価していた。

【解説】

ほんとうに十分な志が立ったならば、なし得ないということはなく、どんな場所でもなし得ない所はない。

この年松陰は、藩主の東行（参勤）に従い、兵学研究のため初めての江戸遊学となり、桜田の毛利藩邸を居所として勉学に励んでいた。江戸で交友した中村士恭が長州に帰ることになって送ったものである。江戸であろうが、国許《くにもと》であろうが、どんな所でも高い志さえあればなし得ないことはないと言っている。

十一　若いうちの努力

嘉永五年（一八五二）二月・二十三歳

時《とき》に及《およ》んでまさに努力《どりょく》すべし、
青年《せいねん》の志《こころざし》を空《むな》しうするなかれ

及時当努力
無空青年志

［東北遊日記《とうほくゆう》］

「東北遊日記」……嘉永四年十二月から同五年の四月まで、友人の肥後藩士宮部鼎蔵《みやべていぞう》と北陸、東北を旅した日記である。兵学者として国防への関心からこの地方を探査する目的であった。

【解説】

最も物事や学問ができる若いうちに努力を重ねるべきである。若い時にもった志を決して失ってはならない。

会津若松に逗留《とうりゅう》した際に出会った井深茂松《いぶかしげまつ》という人物に与えた漢詩の最後の二節である。

十二　夷舶憧々への憤り

嘉永五年（一八五二）三月・二十三歳

夷舶憧々《いはくどうどう》として其《そ》の間《かん》を往来《おうらい》す。
これを榻側《とうそく》に
他人の酣睡《かんすい》を容《ゆる》すものに比《くら》ぶとも
更《さら》に甚《はなは》だしと為《な》す

［東北遊日記］

榻側……寝台のこと。
酣睡……眠りのたけなわのこと。熟睡。

【解説】

外国船が絶えず津軽海峡を往来している、このことを自分の寝台で他人が熟睡しているのを許すことに比べてみても更に甚《はなは》だしく許しがたいことではないか。異国船の日本近海への往来が頻繁《ひんぱん》になっているのに、日本は安閑《あんかん》としていることへの憤《いきどお》り。

なお、この旅行に当って、過書《かしょ》（往来手形）が萩藩から届かないうちに出立《しゅったつ》したので、亡命《ぼうめい》と見なされ、士籍《しせき》及び家禄《かろく》を剥奪《はくだつ》され浪人《ろうにん》の身となった。

過書の到着を待つよりも、親友との出立の日時の約束を守ることを優先した松陰であった。

十三　松陰の人間観

嘉永五年（一八五二）三月・二十三歳

奸商《かんしょう》の夷人《いじん》を待つは、
則《すなわ》ち蓋《けだ》し人禽《じんきん》の間《かん》を以《もっ》てすと云ふ。
噫《ああ》、惜《お》しむべきかな

［東北遊日記］

【解説】

よこしまで悪がしこい商人のアイヌの人たちへの対応は、まるで人としての扱いでなく鳥獣に対するような扱いをするといわれている。なんと哀しむべきことか。

アイヌの人々も同じ人間であるのに、その扱いは何たることかと、松陰は差別を憤り、哀しんだ。松陰の人間観がよく表われている言葉である。

この場合の夷人はアイヌ人のことをさす。

十四　志益々盛ん

嘉永五年（一八五二）四月・二十三歳

志《こころざし》壮《さかん》ならば安《いずく》んぞ往《ゆ》くとして学《がく》を成《な》すべからざらんや

［東北遊日記］

【解説】

高くて強固な志が漲《みなぎ》っておれば、どうしてその志を目指して行う学問を成就できないことがあろうか。

この言葉の前に「吾が計数々蹶《けいしばしばつまず》けり、而《しこう》して志は則《すなわ》ち益々壮《ますますさかん》なり」とあり、自分の行動はしばしばつまずくことがあったが、しかし志は決して忘れず益々盛んであると述べている。

松陰の学問と実践に対する並々ならぬ思いが伝わってくる。

十五　皇国への想い

嘉永五年（一八五二）五月〜六月・二十三歳

身《み》皇国《こうこく》に生《うま》れて、
皇国の皇国《こうこく》たるを知《し》らずんば、
何《なに》を以《もっ》て天地《てんち》に立《た》たん

［睡余事録《すいよじろく》］

「睡余事録」は、嘉永五年四月東北の遊歴から江戸に戻った松陰が亡命の罪により萩へ帰国し謹慎を命じられ、実家杉家で亡命の裁定が下りるのを待つ間の読書日録である。

【解説】

この身が天皇の治められる国に生まれて、その天皇が治められる我国の歴史と意味を知らずしてどうしてこの世の今に生きていけるだろうか。

この言葉のあとに、「故《ゆえ》に先づ日本書紀三十巻を読み、之れに継ぐに続日本紀《しょくにほんぎ》四十巻を以てす」と続いており、松陰の読書傾向に大きな変化が見られ、これは水戸において啓発された国史研究の重要性を痛感したことによるものである。

十六　兵法研究への転換

嘉永六年（一八五三）四月・二十四歳

文事《ぶんじ》を棄絶《きぜつ》して
専《もっぱ》ら韜鈐《とうけん》に用《もち》ひんかと
心緒錯乱《しんしょさくらん》仕《つかまつ》り居《お》り候処《そうろうところ》、
近日断然一決《きんじつだんぜんいっけつ》して急《きゅう》に江戸《えど》に向《むか》ひ、
韜鈐《とうけん》を治《おさ》めんと心定《こころさだめ》仕《つかまつ》り候《そうろう》

兄杉梅太郎宛［書簡］

文事……学問、教育、芸術等に関すること。武事の対語。

韜鈐《とうけん》……兵法、軍事のこと。

東北遊歴による亡命についての裁定が定まる時、父杉百合之助《ゆりのすけ》の願出により、十ヶ年の遊学が許されて、嘉永六年正月に諸国遊歴に旅立ち、この兄宛の書簡は旅の途中大和国（奈良県）で出したものである。

【解説】

学問や教育の文事を棄てて、兵法のことに専念するかどうか心が混乱しておりましたが、最近になって固く決心して急いで江戸に向って兵法を研究し修めようと心が定まりました。

今、何を為すべきか、心が錯乱《さくらん》するほど悩み考え抜いたすえ、もともとの家学である兵学、国防を学び続けるべきであると心に決めて江戸に向うことにしたのである。

十七　尊皇攘夷

嘉永六年（一八五三）六月〜八月・二十四歳

天下《てんか》は天朝《てんちょう》の天下《てんか》にして、乃《すなわ》ち天下《てんか》の天下《てんか》なり、幕府《ばくふ》の私有《しゆう》に非《あら》ず

将及私言《しょうきゅうしげん》［上書］

「将及私言」は、嘉永六年のペリー来航に際して実情を見聞した松陰が、長州藩主に対して、具体的な対応を促すために提出した上申書。

【解説】

日本国の天下は、もともと天皇が治められる国である。従って天皇のみが治められる天下国家にして、幕府が私《わたくし》して治めるものではない。

日本は、幕府の権力のみで統治すべきものではないことを断言し、尊皇《そんのう》を明確に言い表わしたものである。このあと、もし外敵による恥辱《ちじょく》を受けたなら、幕府は諸侯を率《ひき》いて恥辱をはらし、天皇の御心《みこころ》をお慰めしなければならないと述べている。攘夷《じょうい》思想の兆《きざ》しがみえる。

十八　「誠」の一字

嘉永六年（一八五三）六月～八月・二十四歳

天道《てんどう》も君学《くんがく》も一《いつ》の誠《まこと》の字《じ》の外《ほか》なし。
而《しこう》して誠《まこと》の一字《いちじ》、
中庸《ちゅうよう》尤《もっと》も明《あきら》かに之《こ》れを洗発《せんはつ》す。
謹《つつし》んで其《そ》の説《せつ》を考《かんが》ふるに、三大義《さんだいぎ》あり。
一《いち》に曰《いわ》く実《じつ》なり。
二《に》に曰《いわ》く一《いつ》なり。
三《さん》に曰《いわ》く久《きゅう》なり

将及私言［上書］

【解説】

自然の原理、法則においても、君主になるための学問にしても「誠」の一字の外はない。この「誠」の一字はすでに『中庸《ちゅうよう》』において言い表わされている。「誠」を実現するためには三つの筋道があると考える。その第一は実行することであり、第二は専一《せんいつ》にすることであり、第三は持久《じきゅう》することである。

実（実行）は思い定めた心（実心）をもって実行することであり、一（専一）は、思い定めたことを心から離れることなく専ら下臣に伝えることであり、久（持久）は実と一とを止めることなく継続していくことである。この三つを合わせて「誠」と言うと後段で述べている。藩主の在り方を「誠」の意義を通して進言したものであり、藩籍を剥奪《はくだつ》された者が上申することは許されるべきではないが、松陰は死を覚悟して提出した。

十九　時務を知る者

嘉永六年（一八五三）十一月・二十四歳

儒生《じゅせい》俗吏《ぞくり》安《いずく》んぞ事務《じむ》を知《し》らん、
事務《じむ》を知《し》る者《もの》は俊傑《しゅんけつ》に在《あ》り

某宛［書簡］

儒生……儒学を学ぶ人を指すが、この場合はただ単に言葉を学んで、実際の行動をしない、つまらぬ学者の意。

事務……この場合の事務は時務であり、その時の時勢において緊急になすべき任務をいう。

この書簡の宛先は不明であり『吉田松陰全集』の「定本版」「普及版」では嘉永四年十一月となっているが、ここでは『吉田松陰撰集』の嘉永六年十一月によることとした。

【解説】

つまらぬ学者や役人は、時の情勢において緊急になすべきことを知ろうとしないし、やろうとしない。時勢を的確に知り、対処できる人こそ秀れた人物である。時務を知る者こそは俊傑である。

時勢の情報を集め、その情報を的確に分析し、進むべき方向を迅速《じんそく》に定め実行することができる者が優れた人であると言っている。

二十　大和魂

嘉永六年（一八五三）十二月・二十四歳

備《そなえ》とは艦《かん》と礮《ほう》との謂《いい》ならず
吾《わ》が敷洲《しきしま》の大和魂《やまとだましい》

兄杉梅太郎宛［書簡］

長崎でロシア軍艦に乗り込もうとしたが、到着した時には既に前日ロシア艦は出航してしまっていた。

松陰は長崎から一旦萩へ帰り、改めて友人と江戸へ向かったが、その途中大坂で出した手紙にある和歌である。

【解説】

外国に対する防備は、軍艦や大砲を備えることだけではない。大事なことは、熱い大和魂をもって国を守る心を国民皆がもつことだ。

大和魂は、日本の歴史、文化、伝統、信仰等を踏まえた上で、日本人のもつべき心、魂、英知であると考える。

「和魂漢才」、「和魂洋才」という言葉があるが、知識、技術はどこから学んでもいいが、日本人としてもつべき魂は堅持すべきである意と解《かい》せよう。なお、大和魂の初出は『源氏物語』である。

第二章

渡航失敗

（一八五四～一八五五年）

二十一　松陰の心意気

安政元年（一八五四）十一月・二十五歳

世《よ》の人《ひと》はよしあしごともいはばいへ
賤《しず》が誠《まこと》は神《かみ》ぞ知《し》るらん

［三月二十七夜の記］

「三月二十七夜の記」……松陰が弟子の金子重輔《しげのすけ》と共に嘉永七年（安政元）三月二十七日、下田の港で米艦隊を率いるペリー提督の旗艦《きかん》ポーパタン号に乗り込み、米国への出国を懇願したが受け入れてもらえなかった。その夜の詳細を野山獄で書いたものである。その記にある和歌である。

【解説】

世の中の人は、私の行動の良し悪しを勝手に言うがいい。つまらない私ではあるが、そのまごころは神様がよくわかってくださっているのだ。

松陰の心意気、強い意志が伝わり響いてくる。

日米和親条約が締結され、下田と箱館が開港されたのは、この松陰の下田踏海《とうかい》の二十四日前であり、ペリー提督はアメリカへ連れて行きたいが、それが出来ないのは残念であると答えたとある。(『ペリー日本遠征記』ホークス著)

松陰と金子重輔は下田で自首し、江戸伝馬町《てんまちょう》の幕府の獄舎に入れられ、五ヶ月間牢生活を送る。

なお、一八五四年十一月二十七日の改元前は、嘉永七年であるが、表題下の元号はすべて安政元年で統一した。

二十二　囚人となるも

安政元年（一八五四）十二月・二十五歳

かくすればかくなるものと知《し》りながら
已《や》むに已《や》まれぬ大和魂《やまとだましい》

兄杉梅太郎と往復［書簡］

「下田より囚人となり江戸へ送られし時、泉岳寺《せんがくじ》の前を過ぎ、義士に手向《たむ》け侍《はべ》る」と松陰は書いている。

【解説】

このように自分の信じることを実行したら、捕えられることは分かっていた。しかしどうしても日本人としての熱い魂と強い意志がそうさせたのだ。

赤穂の義士に手向けたのではあるが、自分の行動と赤穂義士の行動とを重ね合わせて詠《よ》んでいる。

この年（嘉永七年）九月に幕府より自藩幽閉を命ぜられ、十月二十四日に萩に到着し、直ちに野山獄に入れられる。幕命は、「父百合之助《ゆりのすけ》へ引渡し、在所に於《おい》て蟄居《ちっきょ》申付」とあったが、藩が幕府に遠慮し入牢させた（本書五十八番参照）。従ってこの書簡は野山獄でのものである。

二十三　渡航への本意

安政二年（一八五五）三月〜八月・二十六歳

今《いま》私《ひそか》に海外《かいがい》に出《い》でて夷情《いじょう》を探聴《たんちょう》する者《もの》あらば、固《もと》より当《まさ》に其《そ》の罪《つみ》を免《ゆる》し、国用《こくよう》に供《きょう》すべし。此《こ》れ吾《わ》が事《こと》を謀《はか》るの本意《ほんい》なり

［回顧録《かいころく》］

「回顧録」……嘉永七年（安政元、一八五四）三月に弟子の金子重輔との下田踏海《しもだとうかい》を回顧して、一年後に野山獄《のやまごく》において書かれたものである。

【解説】

今、国禁である鎖国を犯して密かに海外に出て外国の事情を探り見聞する者があったなら、言うまでもなく当然その罪を許して、日本の国の為に役に立てるべきである。このことが、私が下田踏海《とうかい》の挙《きょ》を図ろうとした本心である。

佐久間象山の強い影響もあり、松陰の欧米への関心は非常に高いものであったが、ロシア及びアメリカ軍艦への乗り込みは両者とも失敗に終わった。しかし、日本の近代化への思いは並々ならぬものがあった。

二十四　父母の教え

安政元年（一八五四）十二月・二十五歳

凡《およ》そ人《ひと》の子《こ》のかしこきもおろかなるも
よきもあしきも、
大《たい》てい父母《ふぼ》のをしへに依《よ》る事《こと》なり

妹千代宛［書簡］

松陰が野山獄にあって、妹の千代からきた手紙への返事であるが、松陰の家族観がよく表わされているものである。

【解説】

子供の賢愚、善悪は、大ていは父母の教えや育て方によるものである。

松陰自身が、父百合之助《ゆりのすけ》の厳格ではあるが松陰の言動を信じて見守り続けられたこと、母瀧《たき》の優しさに充ちたことで感得《かんとく》したことが、易しい言葉ではあるものの確信をもって言っている。

この言葉のあとに、「併《しか》しその教《おしえ》といふも、十歳已下《いか》の小児の事なれば、言語にてさとすべきにもあらず。只《た》だ正しきを以てかんずるの外《ほか》あるべからず」と言っており、正しい立ち振る舞いをすることによって子供に感得させるほかはないと言っている。

二十五　一家安泰の道理

安政元年（一八五四）十二月・二十五歳

一事《いちじ》を行《おこな》ふにも先祖《せんぞ》へ告《の》り奉《まつ》りて後行《のちおこな》ふ様《よう》にすべし。さすれば自《おのずか》ら邪事《よこしまごと》なく、する事《こと》なす事皆道理《ことみなどうり》に叶《かな》ひて、其《そ》の家自《いえおのずか》ら繁昌《はんじょう》するものなり

妹千代宛［書簡］

【解説】

何事かを行う時まず先祖にご報告して行うようにすべきである。そうすれば自然に邪心《じゃしん》がなくなり、すべての行いが正しい道筋にかなって、その家は必ず安泰で繁昌していくものである。

先祖の霊《みたま》の前に額《ぬか》ずけば、今ある自分への感謝の念が沸々《ふつふつ》と湧《わ》いて自然に正しい生き方になるのだという松陰の信念が伝わってくる。

二十六　松陰の神観念

安政元年（一八五四）十二月・二十五歳

神《かみ》と申《もう》すものは正直《しょうじき》なる事《こと》を好《この》み、
又清浄《またせいじょう》なる事《こと》を好《この》み給《たま》ふ。
夫《そ》れ故神《ゆえかみ》を拝《おが》むには先《ま》づ己《おの》が心《こころ》を正直《しょうじき》にし、
又己《またおの》が体《からだ》を清浄《せいじょう》にして、
外《ほか》に何《なん》の心《こころ》もなくただ謹《つつし》み拝《おが》むべし

妹千代宛［書簡］

【解説】

神は正直であること、清らかであることを好まれるものである。従って、神様を拝む時に当っては、先ず自分が正直であり、心身を清らかにして、謹みをもってただ只管《ひたすら》に拝むべきであり、何の邪心《じゃしん》や功名心《こうみょうしん》などはあってはならない。

松陰の神観念がよく表われている。

二十七　子育ての三事

安政元年（一八五四）十二月・二十五歳

先祖《せんぞ》を尊《たっと》ぶと、神明《しんめい》を崇《あが》むると、親族《しんぞく》を睦《むつま》じくすると、已上三事《いじょうさんじ》なり。是《こ》れが子供《こども》をそだつる上《うえ》に大切《たいせつ》なる事《こと》なり

妹千代宛［書簡］

【解説】

先祖を尊び、今在ることを感謝すること、神を尊崇《そんすう》し、神の威徳《いとく》に報恩《ほうおん》感謝すること、家族親族の絆《きずな》を大切にして互いに仲良く睦《むつ》まじくすることの三つが、子供を育てる上で大切なことである。

松陰の実家の杉家の家族の絆は大変強く、「杉の家法に世の及びがたき美事あり」と、この言葉のあとに続けている。松陰の一生もこの杉家の家族愛に支えられていた。

二十八　国史を学ぶ

安政元年または二年（一八五四、五五）・二十五、六歳

漢事《かんじ》に明《あきら》かにして国事《こくじ》に茫乎《ぼうこ》たるは、学人《がくじん》の通病《つうへい》なり。故《ゆえ》に宜《よろ》しく先《ま》づ国史《こくし》を読《よ》むべし

従弟玉木彦介《たまきひこすけ》に与《あた》ふる書［野山獄文稿］

玉木彦介は松陰の叔父玉木文之進《ぶんのしん》の息子であり、松陰の従弟《いとこ》である。「野山獄文稿」は、嘉永七年（安政元）十月から安政二年十二月の間、野山獄中において作成した五十六篇の詩文集である。

【解説】

中国の歴史や事情は詳しく、日本の歴史や文化が分からないのが学者の共通した欠点である。従って先ずは国史から勉強すべきである。従弟の玉木彦介への意見であるが、松陰自身が辿ってきた学問歴を省《かえり》みて先ずは日本の歴史や文化を学ぶことの大切さを強調している。

二十九　国運を開く道

安政元年（一八五四）冬・二十五歳

皇国《こうこく》は四方《よも》に君臨《くんりん》し、天日《てんじつ》の嗣《し》の永《なが》く天壌《てんじょう》と極《きわま》りなきもの、安《いずく》んぞ一《ひと》たび衰《おとろ》へて復《ま》た盛《さか》んならざることあらんや

［幽囚録《ゆうしゅうろく》］

天日の嗣……皇統の継嗣《けいし》。天日は天子、天皇。

「幽囚録」は下田踏海に至る動機や意義を当時の国際情勢、国内状況を勘案しながら書いたものである。

【解説】

日本は世界に勢力を振い立たせるべきである。皇統は天地のように悠久にして永遠であり、仮令《たとい》一度は衰えることがあっても、再び盛運となることは必定《ひつじょう》である。

国難に当り、皇室を中心にして国民一丸となって対処すべきであり、そうすれば今衰運《すいうん》であっても必ず復活して国運が開けてくると強調している。

三十　和魂洋才の方策

安政元年（一八五四）冬・二十五歳

大城《おおしろ》の下《もと》、宜《よろ》しく兵学校《へいがっこう》を興《おこ》し、諸道《しょどう》の士《し》を教《おし》へ、学校中《がっこうじゅう》に操演場《そうえんじょう》を置《お》きて砲銃《ほうじゅう》歩騎《ほき》の法《ほう》を習《なら》はし、方言科《ほうげんか》を立《た》てて荷蘭《オランダ》及《およ》び魯西亜《ロシア》・米利堅《メリケン》・英吉利《イギリス》諸国《しょこく》の書《しょ》を講《こう》ずべし

〔幽囚録〕

大城は江戸城を指すが、この場合京都警護のため伏見に築城《ちくじょう》して、これを大城と表現している文がこの文の前にある。

【解説】

大城のもとで、兵学校を開校して全国（諸道）の青年諸士を教え、その学校に兵学生を訓練する練兵場《れんぺいじょう》を設置して、砲術や銃の取扱い、歩兵や騎馬《きば》を習得させ、外国語学科（方言科）を開設し、オランダ、ロシア、アメリカ、イギリスなど諸国の研究をさせるべきである。

国の防備を固めると同時に広く諸外国に目を向け、文物を学び吸収すべきであるとするまさに和魂洋才の方策を強調している。

三十一　二十一回の勇猛の決意

安政元年（一八五四）十一月・二十五歳

杉《すぎ》の字《じ》二十一《にじゅういち》の象《かたち》あり、
吉田《よしだ》の字《じ》も亦《また》二十一回《にじゅういっかい》の象《かたち》あり。
吾《わ》が名《な》は寅《とら》、寅《とら》は虎《とら》に属《ぞく》す。
虎《とら》の徳《とく》は猛《もう》なり

二十一回猛士《にじゅういっかいもうし》の説　［幽囚録付録］

この文の前段に「夢に神人あり、与ふるに一刺《いっし》を以てす。文に曰く、二十一回猛士と」という文があり、夢に神のような人が現われ、二十一回猛士であると告げられた。

【解説】

実家の杉の字を分解すると、十と八と三となり、合計すると二十一となる。養家の吉田の字を分解すると、吉の士の十一と田の中の十で二十一となり、残った吉の口の部分を田の□《くにがまえ》に入れると回となる。自分の名は寅次郎で、寅は虎であり猛虎《もうこ》といわれるようにその徳は勇猛である。

従って自分は一生で二十一回の勇猛果敢《ゆうもうかかん》な行為をやらなければならないと固く決意した。

これまでに、三回ほど猛を実行してきたので、あと十八回猛を用いなければならないと後段で述べている。強烈な憂国の情である。

三十二　地理、地誌を見定める

安政二年（一八五五）正月・二十六歳

地《ち》を離《はな》れて人《ひと》なく、人《ひと》を離《はな》れて事《こと》なし、故《ゆえ》に人事《じんじ》を論《ろん》ぜんと欲《ほっ》せば、先《ま》づ地理《ちり》を観《み》よ

金子重輔行状《しげのすけぎょうじょう》［幽囚録付録］

松陰の弟子となった金子重輔は下田踏海の苦労を共にしたが、萩の岩倉獄（武士階級が入る野山獄に隣接する農工商人が入る牢）で病死した。松陰は高い志を持った重輔の死を心の底から悼《いた》んだ。

【解説】

　土地やその場所の風土や歴史に基づいて人は生活しているし、また人なくして物事が行われることはない。従って、人の生活や生き方を論じようと思えば、先ずその土地の風土や歴史、文化を見定めねばならない。

　人は住む土地に拠《よ》って生活しているものであるから、松陰は地理、地誌を大事に考えていた。

　金子重輔は松陰から地理の大切さを教えられ、世界の地誌の勉強を始め、その成果が上った。

三十三　歴史の俊傑に学ぶ

安政二年（一八五五）正月・二十六歳

歴史《れきし》を読《よ》んで賢豪《けんごう》の事《こと》を観《み》て志気《しき》を激発《げきはつ》するに如《し》かず

兄杉梅太郎宛［書簡］

兄杉梅太郎が、学問は経学《けいがく》を基本とすべきであるという主張に対して、歴史を学ぶことを基礎とすべきであると反論したものである。

【解説】

歴史を学び、優れた俊英たちの業績を見て、盛んに志気を奮い立たせることに及ぶものはない。

経書《けいしょ》によって民を愛する術を学ぶことも勿論《もちろん》大事であるが、歴史上の俊傑《しゅんけつ》たちの業績に学び、自分の実践や行動の力とすることこそ大切であると主張している。実践に重きを置く松陰の学問観が窺《うかが》われる。

経書……四書《ししょ》、五経《ごきょう》を中心とする儒学の古典。経学はそれを学ぶもの。

三十四　人に五倫あり

安政二年（一八五五）正月・二十六歳

凡《およ》そ生《うま》れて人《ひと》たらば、宜《よろ》しく人《ひと》の禽獣《きんじゅう》に異《ことな》る所以《ゆえん》を知《し》るべし。蓋《けだ》し人《ひと》には五倫《ごりん》あり、而《しこう》して君臣父子《くんしんふし》を最《もっと》も大《だい》なりと為《な》す。故《ゆえ》に人《ひと》の人《ひと》たる所以《ゆえん》は忠孝《ちゅうこう》を本《もと》と為《な》す

士規七則《しきしちそく》　毅甫《きほ》の加冠《かかん》に贈る　［野山獄文稿《のやまごくぶんこう》］

五倫……父子の親、君臣の義、夫婦の別、長幼の序、朋友《ほうゆう》の信

加冠……昔、男子が成人したとされた十五歳前後に元服といって服を改めた儀式に初めて冠をつけること。即ち成人となった意を言う。

「士規七則」は獄中にあって松陰が人として武士としていかに生きるべきかを思索して書き上げた七条からなるものであるが、ちょうど玉木彦介《たまきひこすけ》（字毅甫）が加冠《かかん》の年を迎えたので、その大成を願って贈ったものである。

【解説】

そもそも人として生まれたからには、人は鳥やけものとの違う理由をよく知ることが大事だ。思うに人には五倫があって、人として守るべき道がある。中でも君臣と父子が最も大切であり、人としての道は忠義と孝行が根本である。

三十五　万世一系の天皇の尊さ

安政二年（一八五五）正月・二十六歳

凡《およ》そ　皇国《こうこく》に生《うま》れては、宜《よろ》しく吾《わ》が宇内《うだい》に尊《とうと》き所以《ゆえん》を知《し》るべし

士規七則［野山獄文稿］

【解説】

そもそも天皇が知ろしめす（お治めになる）この日本に生まれてきたならば、吾が国中に万世一系の天皇の尊いご存在があることをよく知ることが肝要である。

この言葉のあとに、「蓋《けだ》し　皇朝は万葉一統にして」という言葉が続いている。

尊皇については、父杉百合之助から幼少より教えられて育っていった。

萩と最後の別れとなる安政六年（一八五九）五月二十五日の二日前の「家大人《かたいじん》に別れ奉《たてまつ》る」という父宛の漢詩の一節に「小少より尊攘の志早く決す」とあり、幼少より尊皇のことは心の底にあり続けたことがわかる。

三十六　武士の行い

安政二年（一八五五）正月・二十六歳

士《し》の行《こう》は質実《しつじつ》欺《あざむ》かざるを以《もっ》て要《かなめ》と為《な》し、功詐《こうさ》過《あやまち》を文《かざ》るを以《もっ》て恥《はじ》と為《な》す。光明正大《こうめいせいだい》、皆是《みなこ》れより出《い》づ

士規七則［野山獄文稿］

【解説】

武士の行いは、飾けがなく誠実であり、うそをつかないことが最も大切であり、巧みにごまかしたり、過ちを犯した時それを取りつくろおうとすることは恥である。公正で疑う余地がなく堂々としていることは、このことから出るものである。

新渡戸稲造著の『武士道』に「武士の間に極めて強い恥を知るという感覚が発達していた」「私は武士道に、武士のあるべき姿の奥義と通俗的な教訓の双方があったことを認めている。通俗的な教えは一般大衆の安楽と幸福を願うものであり、奥義のほうはみずからの武士道を実践するという気高い規律であった」（岬龍一郎訳、ＰＨＰ文庫）とあり、武士は一般民衆の鑑《かがみ》でなければならないという思いをもっていたことを付言しておきたい。

三十七　聖人・賢人を友とす

安政二年（一八五五）正月・二十六歳

人《ひと》古今《ここん》に通《つう》ぜず、
聖賢《せいけん》を師《し》とせずんば、
則《すなわ》ち鄙夫《ひふ》のみ。
読書尚友《どくしょしょうゆう》は君子《くんし》の事《こと》なり

士規七則［野山獄文稿］

鄙夫……心がせまく、利己的な人。
尚友……昔の聖人賢人を友とすること。

【解説】

人は古くから今に至るまでの歴史に通じていない。孔子や孟子を始めとする聖人・賢人を師と仰がないようではただ心の狭いだけの人である。読書を重ね、聖人・賢人を友とする人こそ才能があり徳が高く立派な人である。

三十八　七則の三端

安政二年（一八五五）正月・二十六歳

志《こころざし》を立《た》てて
以《もっ》て万事《ばんじ》の源《みなもと》と為《な》す。
交《まじわり》を択《えら》びては
以《もっ》て仁義《じんぎ》の行《こう》を輔《たす》く。
書《しょ》を読《よ》みて
以《もっ》て聖賢《せいけん》の訓《おしえ》を稽《かんが》ふ

士規七則［野山獄文稿］

【解説】

どういう人になりたいかという志を立てることが全ての出発点である。交友は慎重にして、慈愛の心と正義を踏み行う立派な行為の助けとする。多くの読書をして、聖人・賢人の教えを学んで、今の生き方を考える。

士規七則の後文に書かれているもので、立志《りっし》、択交《たっこう》、読書を三端《さんたん》と言い、七則を実践する端緒となるものだと言っている。

人の人たるより正しい生き方を達成するためには、先ず「志」を立てることが始まりであり、自分の特質を見定めて、どうすれば国家、社会に役立てる人間になれるかをしっかりもつことこそ肝要であるという思いを述べているといえよう。

三十九　民心を正す

安政二年（一八五五）・二十六歳

今《いま》の務《つと》むべきものは、民生《みんせい》を厚《あつ》うし民心《みんしん》を正《ただ》しうし、民《たみ》をして生《せい》を養《やしな》ひ死《し》に喪《そう》して憾《うら》みなく、上《うえ》を親《した》しみ長《ちょう》に死《し》して背《そむ》くことなからしめんより先《さき》なるはなし

獄舎問答《ごくしゃもんどう》［野山雑著《のやまざつちょ》］

「獄舎問答」は野山獄中において同囚の人たちと問答したことを記録したもの。
「野山雑著」は、野山獄中における四篇の著述集

【解説】

今の時世においてやらなければならないことは、民の生活を厚くして安定させ、民の心根を正しくして生きる喜びを与えるようにし、死者に対しても十分に弔《とむら》って不満に思うことがないようにすることである。また、藩主に対して親愛の情を持ち、年長者に対しては決して背くことがないようにすることが第一である。

これは、今は戦艦や大砲の製造を優先すべきではないかという意見に対して、むしろ民生の安定にこそ意を注いで国力を蓄えるべきであると松陰は主張している。この時点では、ここ当分の間は欧米と戦火を交えることはないと考えていた。

四十　規諫論

安政二年（一八五五）三月・二十六歳

大敵外《たいてきそと》に在《あ》り、
豈《あ》に国内相責《こくないあいせ》むるの時《とき》ならんや。
唯《た》だ当《まさ》に諸侯《しょこう》と心《こころ》を協《あわ》せて、
幕府《ばくふ》を規諫《きかん》すべく、
与《とも》に強国《きょうこく》の遠図《えんと》を策《さく》すべきのみ

浮屠清狂《ふとせいきょう》に与《あた》ふる書［野山獄文稿］

浮屠……僧侶のこと。仏陀《ぶっだ》のことが転じて僧侶を意味する。

清狂……僧月性《げっしょう》。周防国《すおうのくに》遠崎村（現山口県柳井市遠崎）の妙円寺住職。清狂草堂（時習館）塾主。海防僧。

【解説】

本当の大敵は外国即ち欧米列強である。どうして国内で争っている時であろうか。今はただ大名たちと相図って幕府を諫《いさ》め、ともに列強の将来までの謀略《ぼうりやく》に対して対策を立てるべきである。

この時点では松陰は月性の討幕論に対して、幕府を諫める所謂《いわゆる》規諫論《きかんろん》をとっていた。国内で争っている場合ではなく、列強に対してしっかりした対策を考える時であるという認識であった。

四十一　小人間居して不善を為す

安政二年（一八五五）六月・二十六歳

「小人間居《しょうじんかんきょ》して不善《ふぜん》を為《な》す」と、誠《まこと》なるかな。但《ただ》し是《こ》れは獄中《ごくちゅう》教《おしえ》なき者《もの》を以《もっ》て云《い》ふのみ

福堂策《ふくどうさく》上［野山雑著］

「福堂策」は上、下から成り、獄を福堂に変えることができるのは、人間の性は本来善であり、仮令《たとい》罪を犯した者でも教育することによって善導できるからだと考えた。

【解説】

つまらない人間は人に目だたずに何もしないで独りでいると、悪事を働いてしまうというが、誠にその通りである。

但しこれは、獄中において善導し教えてくれる人がいないからだけのことだ。「小人間居して不善を為し、至らざる所なし」という言葉は『大学』（四書の一つ）の一節である。

この「福堂策」上が書かれたのは、松陰が野山獄に入牢して半年が過ぎており、同囚の人たちとの勉強会が進んでいたころである。

四十二　長所を伸ばす

安政二年（一八五五）六月・二十六歳

人《ひと》賢愚《けんぐ》ありと雖《いえど》も、各々《おのおの》一二《いちに》の才能《さいのう》なきはなし、湊合《そうごう》して大成《たいせい》する時《とき》は必《かなら》ず全備《ぜんび》する所《ところ》あらん

福堂策上［野山雑著］

【解説】

人は賢くも愚かなるもあるとは言え、それぞれ一つや二つの才能が誰にでもあるものだ。それらを集めて伸ばす努力をして成長すれば、必ず人として良い方向に備わり、立派な人間になれるであろう。

この言葉の前に「獄中駸々乎《しんしんこ》として化《か》に向ふの勢あるを覚ゆ。是《こ》れに因《よ》りて知る、福堂も亦難《またかた》からざることを」とあり、囚人たちが勉強し合い獄中が急速に良い方向に進んでいるので、牢獄を福堂とすることは困難ではないと確信をしている。

駸々乎は、馬がどんどん進むさまをいい、転じて物事が急速に進むことをいう。

四十三　政の要

安政二年（一八五五）九月・二十六歳

政《まつりごと》を為《な》すの要《かなめ》は、
人々《ひとびと》をして鼓舞作興《こぶさっこう》して、
各々自《おのおのみずか》ら淬励《さいれい》せしむるにあり

福堂策下［野山雑著］

鼓舞作興……人を励まし勢いづけ奮《ふる》い立たせること。
淬励……勉《つと》め励むこと。

【解説】

人を治め政治を行う上で最も大切なことは、人々を励まし心を奮い立たせて、それぞれが自ら勉め励むようにさせることにある。

罪を犯して投獄され罰を受けた者は自暴自棄になるものが多いが、これを救うために獄中教育が展開された。政治の要はどこにあるかという考えを用いながら囚人たちの更生の方策を探っていったと言えよう。

四十四　人を憎まず

安政二年（一八五五）九月・二十六歳

罪《つみ》は事《こと》にあり人《ひと》にあらず、
一事《いちじ》の罪《つみ》
何《なん》ぞ遽《にわ》かに全人《ぜんじん》の用《よう》を廃《はい》することを得《え》んや

福堂策下［野山雑著］

【解説】

罪は、犯した事件そのものにあるのであって、その人自身の全ての人間性にある訳ではない。ただ一つの罪によってその人の全ての人間性を否定することがどうしてできようか。

性善説に立つ松陰の人についての考え方の一端が窺《うかが》える。

第三章

獄中教育（一八五五～一八五六年）

四十五　仁の道

安政二年（一八五五）秋・二十六歳

道《みち》は則《すなわ》ち高《たか》し、美《うつく》し。
約《やく》なり、近《きん》なり。
人《ひと》徒《いたず》らに其《そ》の高《たか》く且《か》つ
美《うつく》しきを見《み》て以《もっ》て及《およ》ぶべからずと為《な》し、
而《しか》も其《そ》の約《やく》にして且《か》つ近《ちか》く、
甚《はなは》だ親《した》しむべきを知《し》らざるなり

序《じょ》［講孟余話《こうもうよわ》］

「講孟余話」……安政二年六月から『孟子』（経書の四書の一つ）の講義が同囚の人たち相手に始められ、獄中では同年十二月まで、三十四回の講義が行われた。それをまとめた著述が『講孟余話』であり、これはその序文の一節である。（注は百十二頁へ続く）

【解説】

人が踏み行うべき道即ち仁《じん》の道は気高《けだか》く、美しいものである。同時に簡約で身近なものである。

普通人は、その気高く美しさを見て、到底できるものではないと思い、しかもそれが簡約で身近であり、大変親しみがあることを知らないでいる。

仁の道は前出の五倫（本書三十四番参照）即ち父子の親、君臣の義、夫婦の別、長幼の序、朋友の信など誠や正義や愛に貫かれた人の踏み行うべき道をいう。

四十六　境逆なる者

安政二年（一八五五）秋・二十六歳

境《きょう》、順《じゅん》なる者《もの》は怠《おこた》り易《やす》く、境逆《きょうぎゃく》なる者《もの》は励《はげ》み易《やす》し。怠《おこた》れば則《すなわ》ち失《うしな》ひ、励《はげ》めば則《すなわ》ち得《う》るは、是《こ》れ人《ひと》の常《つね》なり

序［講孟余話］

「講孟余話」……（百十頁注の続き）出獄後、杉家において更に安政二年十二月から翌年六月まで家族、親類相手に『孟子』の講義が二十一回行われた。獄中と合わせて全てで五十五回を数え『講孟《こうもう》箚記《さつき》』としてまとめられたが、後、松陰自ら『講孟余話』と改題した。松陰の代表的著作である。

【解説】

境遇や成長過程が順調な者は心がゆるみ案外怠りやすく努力を忘れてしまいがちであるが、不運で逆境にある者は、却《かえ》って懸命に努力して打開しようとするものである。

怠惰《たいだ》に走ってなまければ失うものが多く、刻苦勉励《こっくべんれい》すれば得るものが多いことは人の常である。

獄中の松陰自らの境遇を重ね、逆境の中にあって励もうとする強い意志が表われている。

四十七　聖賢に阿らぬこと要なり

安政二年（一八五五）六月・二十六歳

経書《けいしょ》を読《よ》むの第一義《だいいちぎ》は、
聖賢《せいけん》に阿《おもね》らぬこと要《かなめ》なり。
若《も》し少《すこ》しにても阿《おもね》る所《ところ》あれば
道明《みちあきら》かならず、学《まな》ぶとも益《えき》なくして害《がい》あり

孟子序説《もうしじょせつ》［講孟余話］

「孟子序説」……朱子《しゅし》（朱熹《しゅき》）の『孟子集註《しっちゅう》』の始めに書かれているものである。朱子は「孟子序説」で孟子の略歴や性善説を説いたことなどを著わしている。

朱子（朱熹）……一一三〇～一二〇〇、南宋の儒学者で、その学説は朱子学と呼ばれ、後世に大きな影響を及ぼした。朱子は朱熹の尊称である。

【解説】

四書五経などの経書を読むことにおいて最も大切なことは、孔子や孟子などの聖人・賢人といえども媚《こ》びへつらわないことである。もし、少しでも鵜《う》呑《の》みにしてへつらうことがあれば道は明らかにならず、学んでも有益ではなくむしろ害があるものである。

松陰の学問に対する厳しい姿勢や考え方がよく述べられている。

四十八　目前の近効に従う害

安政二年（一八五五）六月・二十六歳

永久《えいきゅう》の良図《りょうと》を捨《す》てて
目前《もくぜん》の近効《きんこう》に従《したが》ふ、
其《そ》の害言《がいい》ふに堪《た》ふべからず

梁恵王上《りょうのけいおうじょう》　首章《しゅしょう》［講孟余話］

梁恵王上　首章……朱子の『孟子』のこの首章は梁の恵王に会見した時の問答を記したものである。

【解説】

長期にわたり続く良い計画や未来像を考えないで、目先の手近な効果があがるものにとびつく。その害は言葉で表わすことができないほどのもので、到底堪えることはできない。

この場合の永久の良図は、前後の文章からして、国を永きにわたる繁栄に導く優れた計画の意味となる。

四十九　学問観

安政二年（一八五五）六月・二十六歳

嗚呼《ああ》、世《よ》に読書人《どくしょじん》多《おお》くして真《しん》の学者《がくしゃ》なきものは、
学《がく》を為《な》すの初《はじ》め、
其《そ》の志《こころざし》已《すで》に誤《あやま》ればなり

梁　恵王上《りょうのけいおうじょう》［講孟余話］

【解説】

ああ、世の中には読書して学問をする人は多いが、本当の学者でないものは、そもそも学問をなそうとする最初に、何をなすための学問か、自分はどのようにして学問を行動、実践に反映させていくかなどの志をしっかり定めていないからなのだ。

しっかりした志を定めてから、その志の実現に向けて学問をするという松陰の学問観がよく表われている。

五十　学問の大禁忌

安政二年（一八五五）七月・二十六歳

学問《がくもん》の大禁忌《だいきんき》は作輟《さくてつ》なり。或《あるい》は作《な》し或《あるい》は輟《や》むることありては遂《つい》に成就《じょうじゅ》することなし

公孫丑《こうそんちゅう》上［講孟余話］

作輟……なしたり、なさなかったりを繰り返すこと。

公孫丑……孟子の弟子の一人。この章は公孫丑の質問に答えた孟子の思想をまとめたものである。

【解説】

学問をする上で決してやってはならないことは、したりしなかったりすることである。やったり、やめたりをくり返すようでは結局は成就することはない。

学問に対する松陰の厳しい姿勢が窺える。

五十一　師道

安政二年（一八五五）八月・二十六歳

師道《しどう》を興《おこ》さんとならば、
妄《みだ》りに人《ひと》の師《し》となるべからず、
又妄《またみだ》りに人《ひと》を師《し》とすべからず、
必《かなら》ず真《しん》に教《おし》ふべきことありて師《し》となり、
真《しん》に学《まな》ぶべきことありて師《し》とすべし

滕文公《とうぶんこう》上［講孟余話］

滕文公……滕は春秋、戦国時代に今の山東省にあった小国。『孟子』の戦国時代の賢君であった滕の文公に関する問答。

【解説】

人を教える道を興そうとするならば、無分別に人の師匠となってはならない。又むやみに人を師匠としてはならない。必ず確信をもって教えるべきことを定めて師となるべきであり、何を学び、その学びによっていかなる人間になるべきなのかを定めて師を選ぶことが大切である。

しっかりした志をもって教えるべきであり、教わるべきであることを強調し、漠然とした知識の伝授では無了見《むりょうけん》であることを述べている。

五十二　人情

安政二年（一八五五）八月・二十六歳

人情《にんじょう》は愚《ぐ》を貴《とうと》ぶ。
益々《ますます》愚《ぐ》にして益々《ますます》至《いた》れるなり

滕文公上《とうぶんこう》［講孟余話］

【解説】

人情というものは正直すぎるほどの愚直《ぐちょく》さをもってよしとされる。愚直であればあるほどより高い価値をもつものである。

父母の遺したものに対する強い愛着、父母の葬送に対する深い追悼《ついとう》の情《じょう》などを例として、人情は愚直であるほど価値が高いものだと松陰は説く。

更に人情は自然なものであり、その純粋なものは結局は人が踏み行うべき道理と一致するものであるという。

学問一辺倒でない松陰の人間性の懐《ふところ》の広さがよく窺える。

五十三　知行合一

安政二年（一八五五）九月・二十六歳

知《ち》は行《こう》の本《もと》たり。行《こう》は知《ち》の実《じつ》たり。二《ふた》つの者《ものもと》固より相倚《あいよ》りて離《はな》れず。誠《まこと》は知《ち》行《こう》の自《おのずか》ら誠《まこと》なるなり。誠《まこと》を思《おも》ふは知《ち》行《こう》の誠《まこと》ならんことを思《おも》ふなり

離婁《りろう》上［講孟余話］

離婁……中国古代伝説上の理想の帝王である黄帝《こうてい》の時代の人で、非常に微細なものまで見えたという。その離婁を始めその他の人などについて語られた『孟子』の章。

【解説】

知識は行為、実践の本となるものである。行為、実践は知識が結実したものである。この知と行は表裏一体のもので、寄合って離れるものではない。誠は、知と行が誠を目指して自然に備わるものである。従って、誠を思うことは、知行が誠であるかどうかを思うことである。

知行合一《ちこうごういつ》は多くの人たちが目指し実践しようとしてきたが、単に知識、学問は行動、実践に結ばなければならないというだけでなく、そこに誠の心がなければならないと松陰は考えた。

五十四　学問は己がため

安政二年（一八五五）九月・二十六歳

凡《およ》そ学《がく》をなすの要《よう》は己《おの》が為《た》めにするにあり。己《おの》が為《た》めにするは君子《くんし》の学《がく》なり。人《ひと》の為《た》めにするは小人《しょうじん》の学《がく》なり

離婁上［講孟余話］

【解説】

そもそも学問をする上で肝要なことは、自分のためにすることである。自分のためにするのは、立派な人格で教養のある人がなす学問である。人のためにするのは度量が狭く修養の足りない人がする学問である。

学問は自分が修養し、高めるためにするのであって、自分の知識を人にただ教えるためにする「記問《きもん》の学《がく》」であってはならないと松陰は説く。

記問の学……古典を記憶して、ただそれを伝達し、人が質問するのを待つだけで内容を理解していない学問。

五十五　養の一字

安政二年（一八五五）十一月・二十六歳

養《よう》の一字《いちじ》最《もっと》も心《こころ》を付《つ》けて看《み》るべし。
註《ちゅう》に、養《よう》とは涵育薫陶《かんいくくんとう》して
其《そ》の自《おのず》ら化《か》するを俟《ま》つを謂《い》ふなりと云《い》ふ

離婁下　［講孟余話］

「養とは……謂ふなり」の註は『孟子』の本文に対する『孟子集註《もうししっちゅう》』における朱子の註書きのこと。

【解説】

養の一字は最も心がけて見なければならない。『孟子集註《もうししっちゅう》』において朱子は「養とは涵育薫陶して自然に自《みずか》らが変化し成長していくことを待つことだ」と言っている。

涵とは綿を水にてひたすこと、育は小児を乳でそだつこと、薫は香《かおり》をいぶしつけること、陶は土器を焼き固めることをいい、人を養うのもこの四つの如くであって、もとからしみついていた汚れをとり自然に変化、成長していくのを待つことであると松陰は説く。松陰の「待つ教育」の原点である。

また不中不才《ふちゅうふさい》の人を縄で縛り杖で打って中《ちゅう》ならしめんとすることではないと松陰は言う。不中は中道を得ない人をいい、中《ちゅう》ならしめんは中庸《ちゅうよう》の徳を有する人にしようとすることを言う。

五十六　性善説

安政三年（一八五六）三月・二十七歳

苟《いやしく》も性善《せいぜん》を認《みと》め得《え》ば
是《こ》れより涵養《かんよう》して徳《とく》を成《な》すに至《いた》るべし。
余《よ》曾《かつ》て聞《き》くことあり。
人性《ひとせい》は即《すなわ》ち天理《てんり》なり。
天理《てんり》は悪《あく》なし。
故《ゆえ》に性《せい》豈《あ》に悪《あく》あらんや

告子《こくし》上篇［講孟余話］

告子……中国戦国時代の人。孟子と論争し、人の性は善でも悪でもないと主張した。

【解説】

かりにも、人の自然にそなわる性質が善であることを認めるならば、これを基として次第に心にしみ込むように養っていけば、正しく人の道にかなう徳を身につけるに至るであろう。自分は以前聞いたことがある。人の性は天が与えた自然の道理をもつものである。その天理に悪があろうはずはない。従って人の性にどうして悪があるであろうか。

松陰の生き様の根幹は性善説にあった。

従って仮令《たとい》悪に染まった者でも善導すれば必ずより正しい生き方ができるようになると確心をもっていた。

五十七　浩然の気

凡《およ》そ浩然《こうぜん》の気《き》を養《やしな》はんとならば、先《ま》づ平旦《へいたん》の気《き》の清明《せいめい》にして、未《いま》だ外物《がいぶつ》の欲《よく》を交《まじ》へざる所《ところ》を基本《きほん》として、漸々長養《ぜんぜんちょうよう》すべし

安政三年（一八五六）三月・二十七歳

告子上篇［講孟余話］

浩然の気……天地に恥じることのない、おおらかで公明正大な精神。
平旦の気……夜明け方の澄んだ清々《すがすが》しさをもった心。

【解説】

そもそも、浩然の気を養おうとするならば、先ず平旦の気である澄んだ清らかで明るく、世俗的な欲望を交えることなきを基として、次第に時間をかけて育てていくべきである。

この言葉のあとに、天地の間に満ち溢れている大きく強い気力が人間に宿ると何ものにも屈しない道徳的な勇気となる浩然の気は、平旦の気で養うこともよいが、日常のいろいろな動きの中でそれをつかむことが一層よいことだとも述べている。

五十八　獄中教育

安政三年（一八五六）三月・二十七歳

親戚《しんせき》の禁《きん》する所《ところ》の者《もの》に至《いた》りては、
極天免期《きょくてんめんき》なく、
痛《つう》を抱《いだ》き憤《ふん》を含《ふく》みて以《もっ》て死《し》せんのみ。
最《もっと》も哀《かな》しまざるべけんや

野山獄囚名録叙論《のやまごくしゅうめいろくじょろん》［丙辰幽室文稿］

極天……天地の続く限り。永久に。
免期……刑期の終り。
丙辰幽室文稿は安政三年の五十六篇からなる。

【解説】

家族、親族のいましめで獄舎に入れられた者にあっては、永久に刑期の終りがなく、激しい心の痛みと憤《いきどお》りをいだきつつ死をまつばかりである。どうして哀しまずにおられようか。

家族、親族の願い出によって牢に入れることを借牢《しゃくろう》願いといい、松陰を始め野山獄の囚人十一人中九人が借牢願いによるものであった。松陰はこのような人達に何とか希望をもたせたい一心で所謂《いわゆる》獄中教育が始まるのである。

下田踏海事件における幕府の裁定は、萩へ帰して実家預かりの蟄居謹慎《ちっきょきんしん》処分であったが、萩藩が幕府を慮《おもんばか》って、野山獄に入れることとなるが、その際実家の父からの借牢《しゃくろう》願いという形をとった。

五十九　心は公なり

安政三年（一八五六）四月・二十七歳

体《たい》は私《わたくし》なり、心《こころ》は公《おおやけ》なり。
私《わたくし》を役《えき》して公《おおやけ》に殉《したが》ふ者《もの》を大人《たいじん》と為《な》し、
公《おおやけ》を役《えき》して私《わたくし》に殉《したが》ふ者《もの》を小人《しょうじん》と為《な》す

七生説《しちせいせつ》［丙辰幽室文稿］

七生説……楠木正成《くすのきまさしげ》公が湊川の戦いにおいて、殉死《じゅんし》される時、弟の正季《まさすえ》公に「死して何をか為す」と聞かれ、正季公は「願はくは七たび人間に生まれて、以て国賊を滅ぼさん」と答えられ、二人は耦刺《ぐうし》されたことによる。

耦刺……刺し違えること。

【解説】

身体は私的なものであり、心の従者である。心は公に尽すものであり、身体の主人である。

私（身体）を使って公に尽す人を徳のある人格者といい、公（心、精神）を使って私的なことに従わせる人を人格が低いつまらない人という。

私を使って徳を修め、人格を高める人が大人であり、公を犠牲にして私の欲に走る者が小人である。

なお、松陰は「吉田松陰幽囚ノ旧宅」（杉家旧宅）の幽囚室（三畳半の部屋）に「三余読書《さんよどくしょ》」「七生滅賊《しちしょうめつぞく》」の題字を掲げて座右の銘としていた。

六十　殀寿不弐

安政三年（一八五六）五月・二十七歳

殀寿不弐《ようじゅふじ》の四字《よじ》、
誠《まこと》に吾《わ》が輩《はい》の良誡《りょうかい》なり。
殀《よう》も寿《じゅ》も皆《みな》吾《わ》が心底《しんてい》に任《まか》することに非《あら》ず。
唯《た》だ身《み》を修《おさ》むるは己《おの》れにあり

尽心《じんしん》上　［講孟余話］

殀寿不弐……殀寿《ようじゅ》弐《うたが》わずと読み、殀は若死に、寿は長生きの意味である。
尽心……孟子の「其の心を尽す者は其の性を知るなり」から付けられている。

【解説】

夭寿不弐即ち若死にと長生きを疑って背《そむ》くことのないことは真《まこと》に自分にとって良い戒《いまし》めである。

夭即ち若死にも、寿即ち長生きも自分の思い通りにはならない。唯々《ただただ》自分が身を修めるのみである。

ただ己《おのれ》自身が修養すれば良いのであって、短命であるか長命であるか疑心をもつことはないという松陰の死生観が窺われる。

六十一　強恕して行う

安政三年（一八五六）五月・二十七歳

強恕《きょうじょ》して行《おこな》ふ、仁《じん》を求《もと》むることこれより近《ちか》きはなしとは、何等《なんら》の親切《しんせつ》の教《おしえ》ぞや

尽心上［講孟余話］

恕……ゆるす。思いやり。自分を思うことと同じように相手を思いやる。強恕は、より一層強く思いやること。

【解説】

人をゆるし、まごころから思いやるように努めることが、人の道の根本である仁を求める最も近い方法であるとは、なんと親切な教えであることよ。

これは、孟子が「強恕して行ふ、仁を求むることこれより近きはなし」と述べていることへの松陰の感慨《かんがい》である。人をゆるし、自分のことのように思いやることが、仁を求める出発点であると言っている。

六十二　凡民と豪傑の分

安政三年（一八五六）五月・二十七歳

凡民《ぼんみん》と豪傑《ごうけつ》の分《ぶん》を明《あきら》かに知《し》るべし。
豪傑《ごうけつ》とは万事《ばんじ》自《みずか》ら草創《そうそう》して
敢《あ》へて人《ひと》の轍跡《てっせき》を践《ふ》まぬことなり

尽心上［講孟余話］

草創……草分け。事業などを始めること。
轍跡……物事や事業が行われたあと。

【解説】

ありふれた普通の人と傑出《けっしゅつ》した人との違いを明らかに知らなければならない。傑出した人は、万事につけて自分自身で草分けとなって事業を起し、多少なりとも人のやったあとを追従《ついじゅう》しないことである。

松陰は、項羽《こうう》、劉邦《りゅうほう》、神功皇后《じんぐうこうごう》、北条時宗《ほうじょうときむね》、豊臣秀吉《とよとみひでよし》、マジェラン、コロンブス、ナポレオン、荻生徂徠《おぎゅうそらい》、伊藤仁斎《じんさい》、山鹿素行《やまがそこう》等を豪傑として挙げており、興味深いものがある。

六十三　書を読む姿勢

安政三年（一八五六）五月・二十七歳

書《しょ》は精思《せいし》熟考《じゅっこう》するに非《あら》ずんば、
安《いずく》んぞ其《そ》の原《もと》に逢《あ》ひ
其《そ》の流《ながれ》を達《たっ》することを得《え》んや

尽心上［講孟余話］

其の原……物事の源流・根幹、物事のそもそもの起りの意味であるが、この場合は仁の根幹をいう。

【解説】

書を読むに当っては、精《くわ》しく十分に考えないようであれば、どうしてその書の根幹にふれ、更に後世に亘《わた》って正しく伝えていくことができようか。

仁義のそもそもの根幹にふれ、その精神を後世に伝えていくためには、『孟子』を始め四書五経の経書《けいしょ》などを精読し正しく理解しなければならないと松陰は考える。

このことは、経書に限らずどのような読書にも言えることであろう。

六十四　聖賢の貴ぶ所

安政三年（一八五六）六月・二十七歳

聖賢《せいけん》の貴《たっと》ぶ所《ところ》は、議論《ぎろん》に在《あ》らずして、事業《じぎょう》に在《あ》り。多言《たごん》を費《ついや》すことなく、積誠《せきせい》之《こ》れを蓄《たくわ》へよ

久坂生《くさかせい》の文を評《ひょう》す［丙辰幽室文稿］

久坂生……久坂玄瑞《げんずい》のこと。高杉晋作と並んで松門の双璧と称され、松陰から「防長年少第一流の才気ある男」と絶賛された。松陰の妹文《ふみ》と結婚し、松陰の実家杉家に同居し、松陰を助けた。

【解説】

聖人、賢者と言われる人が尊んでいるのは、徒《いたずら》な議論ではなく、国をどうして行くかなどの行動、実践にある。ただ多くを言うことではなく、今は誠の心を積み重ねていくがよい。

安政三年の六月、七月に松陰と久坂玄瑞が往復書簡を重ねており、松陰は久坂に対して厳しい意見を送っており、久坂もそれに反論している。

しかし、松陰は玄瑞が非凡な人物であることを見抜いていた。

そして、この三度の往復書簡で久坂は反論を止め、翌年松下村塾に入塾した。

六十五　君民の関係

安政三年（一八五六）六月・二十七歳

宝祚《ほうそ》の隆《さかえ》、天壌《てんじょう》と動《うご》きなく、
万々代《ばんばんだい》の後《のち》に伝《つた》はることとなれば、
国土山川草木人民《こくどさんせんそうもくじんみん》、
皆皇祖以来保守護持《みなこうそいらいほしゅごじ》し給《たま》ふものなり。
故《ゆえ》に天下《てんか》より視《み》れば人君程尊《じんくんほどとうと》き者《もの》はなし。
人君《じんくん》より視《み》れば人民程貴《じんみんほどとおと》き者《もの》はなし

尽心下［講孟余話］

宝祚……宝《ほう》は天子、天皇のこと又は天皇の印。祚《そ》は代々伝わる天子、天皇の位《くらい》。
人君……君主、ここでは天皇をいう。

【解説】

天皇の位は、天地の如く永遠に続いて栄えていき、後の世までも伝えられていくものなので、国土、山川、草木、国民に至るまで皇室の御先祖以来守り続けていただいているお蔭である。従って天下国家から見れば、天皇ほど尊い存在はないし、天皇から見れば、国民ほど貴い者はない。

この君民の関係は、開闢《かいびゃく》（天地の創造）以来一日も相離れるものではないという言葉が続く。

六十六　往く者追わず、来る者拒まず

安政三年（一八五六）六月・二十七歳

往《ゆ》く者《もの》は追《お》はず、然《しか》れども其《そ》の前日《ぜんじつ》の善美《ぜんび》を忘《わす》るることなかれ。来《きた》る者《もの》は拒《こば》まず、又《また》其《そ》の前日《ぜんじつ》の過悪《かあく》を記《き》することなかれ

尽心下　［講孟余話］

【解説】

去ろうとする者は追わないが、その人の去る前における立派な善《よ》い行いを忘れてはならない。

来る者は拒まないが、来る前の過去に悪行があったとしてもわざわざ咎《とが》めることがあってはならない。

松陰の人に対する深い思いやりが胸を打つ。

六十七　中道の士

安政三年（一八五六）六月・二十七歳

中道《ちゅうどう》の士《し》は
美質全徳《びしつぜんとく》以《もっ》て尚《くわ》ふることなし。
論《ろん》ぜずして可《か》なり

尽心下　［講孟余話］

美質……すぐれた素質。
全徳……非難されることもなく、褒め称えられることもない純粋な徳。

【解説】

中庸《ちゅうよう》の徳を備えて踏み行う人は、すぐれた素質と純粋な人徳があり、付け加えていうこともなく、わざわざ議論するまでもないことである。

中庸……『中庸』（四書の一つ）の冒頭に「偏《かたよ》らざる之を中と謂《い》い、易《か》わらざる之を庸《よう》と謂う」とある。偏らないことを中といい、変わりのないことを庸という。

六十八　默霖に降参す

安政三年（一八五六）八月・二十七歳

默霖《もくりん》は一向宗《いっこうしゅう》の僧《そう》なり。耳《みみ》一向《いっこう》聞《き》こえず言舌不分《げんぜつふわか》りなれども、志《こころざし》は至《いた》って高《たか》し。漢文《かんぶん》を以《もっ》て数度《すうど》の応復《おうふく》之《こ》れあり候処《そうろうところ》、終《つい》に降参《こうさん》するなり

默霖《もくりん》宛　［書簡］

默霖……宇都宮《うつのみや》默霖、安芸（広島県）の人。十八歳で聾《ろう》となり、二十二歳で浄土真宗（一向宗）の僧となる。維新後は湊川神社、石清水八幡宮で神官を勤める。

【解説】

宇都宮默霖は、一向宗（浄土真宗）の僧侶である。耳は聞こえないし、言葉は聞きづらいが、その志は大変高いものがある。漢文で何度か書簡のやりとりをし論争をしたが、最後には降参するに至った。

この文は默霖宛の書簡に松陰が附記したものである。

松陰が日本の国の形の根幹である天皇の存在を軽んじる幕府に対して諫《いさ》める「幕府規諫論《きかんろん》」から「討幕論《とうばくろん》」へ転換することとなるうえで大きな影響を受けた默霖との論争で、最後にはまいったと言っている。

六十九　心の交わり

安政三年（一八五六）八月・二十七歳

人《ひと》は人《ひと》の心《こころ》あり、己《おの》れは己《おの》れの心《こころ》あり。各々《おのおの》其《そ》の心《こころ》を心《こころ》として以《もっ》て相交《あいまじ》はる、之《こ》れを心交《しんこう》と謂《い》ふ

默霖宛［書簡］

【解説】

人はそれぞれ自分自身の心をもっている、勿論《もちろん》自分も自身の心をもっている。それぞれが相手の心を自分の心として受けとめて交わる。これが心の交わりということだ。

「上人の如きに至りては議論同じからざれども心腸《しんちょう》は同じ。則ち是れ心交たる所以《ゆえん》なり」とこの言葉の後段にあり、上人即ち黙霖とは議論の違いはあるが、国を思う心根は同じであるから、これこそ心の交わりの根拠であると胸中を披瀝《ひれき》している。

松下村塾（山口県萩市）

第四章

松下村塾

（一八五六〜一八五八年）

七十　武士の職分

安政三年（一八五六）八月開講・二十七歳

余《よ》は罪囚《ざいしゅう》の余《よ》にて他人《たにん》に接《せっ》すべき身《み》に非《あら》ざれども、其《そ》の独《ひと》り自《みずか》ら志《こころざ》す所《ところ》は皇国《こうこく》の大恩《たいおん》に報《むく》い、武門武士《ぶもんぶし》の職分《しょくぶん》を勤《つと》むるにあり。此《こ》の志《こころざし》は死《し》すと雖《いえど》も吾《わ》れ敢《あ》へて変《へん》ぜず

開講主意《かいこうしゅい》［武教全書講録《ぶきょうぜんしょこうろく》］

「武教全書」……山鹿素行（一六二二～一六八五）の兵学の主著。山鹿流兵学は吉田家の家学（家の学問）であり、「武教全書講録」は杉家幽囚室に密かに通いだした近隣子弟のために始めた講義録である。

【解説】

自分は罪を犯した囚人であるから、他人と接する身ではないが、己《おのれ》自身が密かに志すものは、天皇を戴くこの日本の大いなる恩に報い、武士としての役目を果たすことにある。この志は仮令《たとい》死に臨《のぞ》もうとも変わることはない。

尊皇に対する揺るぎない思いと、今武士である自分の武士としての生きざまに対する松陰の強い意志が伝わってくる。

松陰は安政二年（一八五五）十二月五日に野山獄を出され、杉家の幽囚室に入る。翌安政三年六月に幽囚室での「孟子」の講義を終え『講孟余話』の稿を結び、同年八月から『武教全書』の講義を始めたが、これが後の松陰主宰の松下村塾の基となる。

七十一　倹約と吝嗇

倹約《けんやく》と吝嗇《りんしょく》とは
判然《はんぜん》として両事《りょうじ》なり。
倹《けん》は義《ぎ》を主《しゅ》とす、公《おおやけ》なり。
吝《りん》は利《り》を主《しゅ》とす、私《わたくし》なり

安政三年（一八五六）八月・二十七歳

［武教全書講録］

【解説】

無駄をはぶく倹約と、いやしくもの惜しみする吝嗇とは明らかに違って別のことである。倹約は正義の心をもって公益のためになすものであり、吝は私利私欲のためになすものである。

倹約は貯蓄して藩のためになし、同僚の難を救い身分の低い者の貧乏を救うためになすものであって、一方吝嗇は、人から欲深く取り、自分の贅沢《ぜいたく》に使うか金銭欲が強く守銭奴《しゅせんど》となって死んでしまうかと述べている。

七十二　淫と移と屈

安政三年（一八五六）八月・二十七歳

凡《およ》そ淫《いん》と移《い》と屈《くつ》とには、人々《ひとびと》に因《よ》って浅深軽重《せんしんけいちょう》あり。其《そ》の浅《あさ》き者《もの》軽《かろ》き者《もの》に至《いた》りては、已《すで》に共《とも》に語《かた》るべく、共《とも》に道《みち》に進《すす》むべきの人《ひと》なり

［武教全書講録］

淫……乱れる、道にはずれる、まどわす。
移……うつる、心がかわる、他の色にそまる。
屈……くじく、まげる、おれる。

【解説】

そもそも、道にはずれ乱れること、節義が心がわりすること、志した信念をまげることなどは、それぞれに人によって浅いか深いか軽いか重いか違いがあるものである。その淫と移と屈の度合が浅く、軽い者とは共に語ることができ、共に人の道に進むことができる人だ。

七十三　女子の教戒

安政三年（一八五六）八月・二十七歳

女子《じょし》の教戒《きょうかい》に付《つ》き別《べつ》に一策《いっさく》あり。（中略）国中《くにじゅう》に於《お》いて一箇《いっこ》の尼房《にぼう》の如《ごと》き者《もの》を起《おこ》し、女学校《じょがっこう》と号《ごう》し、士大夫《したいふ》の寡婦《かふ》、年齢四五十《ねんれいしごじゅう》以上《いじょう》にて貞節素《ていせつもと》より顕《あら》はれ、学問《がくもん》に通《つう》じ女工《じょこう》を能《よ》くする者数名《ものすうめい》を選挙《せんきょ》し、女学校《じょがっこう》の師長《しちょう》となし、（中略）士大夫《したいふ》の女子八歳《じょしはっさい》若《も》しくは十歳以上《じっさいいじょう》の者《もの》は日々学校《ひびがっこう》に出《い》だし、専《もっぱ》ら手習《てならい》、学問《がくもん》、女功《じょこう》の事《こと》を練熟《れんじゅく》せしむべし

［武教全書講録］

【解説】

女子の教育について自分には一つの考えがある。国中に一種の尼僧の宿坊のようなものをつくって女学校と名付け、人格者で人望のあった夫と死別した年は四十から五十歳以上の貞淑で、学問もでき、機織《はたお》りや裁縫など女性の仕事に長《た》けた人数名を選び出して女学校の指導者とし、八歳から十歳以上の女子を学校に通わせ習字の稽古や学問や裁縫などを熟練させるべきである。

松陰の実家の杉家では、女子教育への理解が深く、兄の杉民治（梅太郎）は、女学校の校長も務めた。叔父の玉木文之進も松陰のこの考え方を大いにほめている。

七十四　華夷の弁

安政三年（一八五六）九月・二十七歳

学《がく》は、人《ひと》たる所以《ゆえん》を学《まな》ぶなり。国《くに》の最《もっと》も大《だい》なりとする所《ところ》のものは、華夷《かい》の弁《べん》なり

松下村塾記《しょうかそんじゅくき》［丙辰幽室文稿《へいしんゆうしつぶんこう》］

華夷の弁……我と他との違いを明確にすること。

「松下村塾記」……松下村塾の命名者であり開塾者であった玉木文之進のあと松下村塾の名をついで塾主であった松陰の外叔久保五郎左衛門の求めに応えて松陰が書き送ったものである。

【解説】

学問は人が人である拠り所を学ぶものである。即ち人としてより正しい生き方はいかにあるべきかを学ぶものである。

国にとって即ち我国にとって最も大切なことは、外国との違いを明確にすることであって、我国の本質を忘れてはならない。

この言葉の後段に「神州の地に生れ、皇室の恩を蒙《こうむ》り、内は君臣の義を失ひ、外は華夷の弁を遺《わす》れば、則《すなわ》ち学の学たる所以、人の人たる所以、其れ安《いず》くに在りや」と述べており、尊皇や君臣の義こそ我国の本質であり、外国との違いであると強調している。

七十五　松下村塾の聯

安政三年（一八五六）秋・二十七歳
万巻《まんがん》の書《しょ》を読《よ》むに非《あら》ざるよりは、
安《いず》くんぞ千秋《せんしゅう》の人《ひと》為《た》るを得《え》ん。
一己《いっこ》の労《ろう》を軽《かろ》んずるに非《あら》ざるよりは、
安《いず》くんぞ兆民《ちょうみん》の安《やす》きを致《いた》すを得《え》ん
自非読万巻書
安得為千秋人
自非軽一己労
安得致兆民安

松下村塾聯《れん》
聯……対《つい》になったもの。左右の柱に対句を分けて掛ける柱掛。松下村塾の聯は一つの竹に右の漢詩を左右に並べて書いたもの。

【解説】

多くの書物を読まないようであれば、到底千年に亘《わた》るような後世に名を残す人にはなれない。

自分に課せられた仕事を軽くみて労力を惜しむようでは到底多くの人々を幸せにすることはできない。

この松下村塾の聯は、松陰の外戚久保五郎左衛門が、塾の標語となるような言葉を書くように松陰に求めて、孟宗竹《もうそうちく》に右の漢詩を墨書したものを五郎左衛門が彫って掛けたものである。

久保五郎左衛門は、嘉永年間（一八四八〜五四）に玉木文之進から「松下村塾」の塾名を受け継ぎ、安政四年（一八五七）ごろには松陰の「松下村塾」と併存したと考えられる。

七十六　朋友相与の情

安政四年（一八五七）五月・二十八歳

士別《しわか》れて三日《みっか》なれば、刮目《かつもく》して相待《あいま》つ、
一日見《いちじつみ》ずんば、三歳《さんさい》の如《ごと》し。
朋友相与《ほうゆうそうよ》の情《じょう》、
学問日新《がくもんにっしん》の機《き》、
誠《まこと》にかくの如《ごと》きものあり、況《いわ》んや一月《ひとつき》に於《お》いてをや

諸生《しょせい》に示《しめ》す［丁巳幽室文稿《ていしゆうしつぶんこう》］

「諸生に示す」は安政四年五月のものと、同じ題名で安政五年六月や十一月のものがある。「丁巳幽室文稿」は安政四年の八十一篇からなり、上・下巻となっている。

【解説】

立派な人物は、別れて三日もすれば、学問や人格が著しく進むのを待ち望み期待するものであり、一日会わないと三年も会わない気がしてならない。友人同士が相共《あいとも》に励み合う心を持てば、学問は日々進歩する好機となり、その気持ちはこのようなものであるが、ましてや一ヶ月も経てば、なおさらである。

友人同士が切磋琢磨《せっさたくま》すればその成果は短期間で上がることを諸生（弟子たち）に強く求めているといえよう。

このころ、松陰の実家杉家における幽囚室内の松陰の講義が盛んとなり、松下村塾の塾生の多くが参加するようになる。

七十七　松陰の人間愛

安政四年（一八五七）七月・二十八歳

安政丙辰《あんせいへいしん》、藩命《はんめい》、孝義《こうぎ》を旌表《せいひょう》す。
ここに於《おい》て、都濃郡《つのぐん》に正《まさ》あり、吉敷郡《よしきぐん》に石《いし》あり、
皆孝婦《みなこうふ》なり。
而《しこう》して大津郡《おおつぐん》に又登波《またとわ》あり。
登波《とわ》の事最《こともっと》も烈《れつ》なり

［討賊始末《とうぞくしまつ》］

旌表……善行（忠孝節義）のあった人を国（藩）が世の人に知らせて表彰すること。

「討賊始末」……登波という婦人の親族が殺害され、その仇を討つため登波は諸国を捜し尋ね、遂に所在を探り出した義挙《ぎきょ》を調査し詳述したものである。

【解説】

安政三年（一八五六）、萩藩の命により忠孝を尽した人物の名を掲示して顕彰した。それは、都濃郡の正という人、吉敷郡の石という人である、皆忠孝を尽した婦人である。更に大津郡の登波という人もそうであるが、最も節操が固い立派な婦人である。

登波は宮番という賤民《せんみん》身分であったが、松陰は身分を越えて烈婦を称え、自宅に泊めることさえしており（これは当時の身分制度では考えられないこと）松陰の人間愛が如実に表われている。

なお、登波とその夫は、この義挙により良民に復せられており、松陰は藩の処置も褒めている。

七十八　飛耳長目

安政五年（一八五八）正月・二十九歳

飛耳長目《ひじちょうもく》は今日《こんにち》の急務《きゅうむ》に御座《ござ》候所《そうろうところ》、只今要路《ただいまようろ》の歴々《れきれき》のごとく人材《じんざい》御嫌《おきら》ひ成《な》され、天下《てんか》の士《し》へ一向《いっこう》御《ご》交遊《こうゆう》御座《ござ》なく候《そうらい》ては井蛙《せいあ》の謗《そしり》免《まぬ》かれ難《がた》く候《そうろう》

清水図書《しみずずしょ》宛　［書簡］

井蛙……井戸に棲《す》む蛙《かえる》の意から、考えや知識の狭い人を言う。

清水図書……長州藩士清水新三郎のことで、長崎聞役を勤め、俗論派に対する正義派（革新派）の代表的藩士であった。この時は直目付《じきめつけ》に任ぜられていた。

【解説】

国内外の情報収集は今の急務であるのに、今日の重要な役目についている身分の高い方々は人材の登用を嫌われて、広く天下の有能な人物との交わりがまるでないのは、見聞《けんぶん》が狭く世間知らずだと非難されることは免れない。

直目付に任ぜられた清水図書を通して藩主に提言するためにこの書簡を送った。耳を飛ばして、目を長くして見張るという「飛耳長目」は松陰が常に主張していた国内外の情報収集の重要性を端的に表現したものである。

松下村塾では、内外の情報を記した冊子の題が「飛耳長目」であり、誰もが自由に見ることができるようにしていた。

七十九　村塾の第一義

安政五年（一八五八）正月・二十九歳

村塾《そんじゅく》の第一義《だいいいちぎ》は、閭里《りょり》の俗礼《ぞくれい》を一洗《いちせん》し、枕戈横槊《ちんかおうさく》の風《ふう》と為《な》すに在《あ》り

岡田耕作《おかだこうさく》に示す［戊午幽室文稿《ぼごゆうしつぶんこう》］

閭里……村、里のこと、ここでは、松下村塾のある松本村をさす。

枕戈横槊……戈《ほこ》を枕にして、槊《さく》（長柄のほこ）を横におく。常に戦いに備えておくこと。

岡田耕作……藩医岡田以伯の子、松下村塾生で、この時十歳。正月に年賀ではなく勉強の為に来塾したことに松陰は感心している。

「戊午幽室文稿」……安政五年に執筆した文稿、書簡など九十六篇を集録したもの。

【解説】

松下村塾において最も重視していることは、松本村の俗なしきたりや安穏《あんのん》とした習慣を刷新して、常に戦闘の準備を整えておく状態にしておくことにある。列強の侵略に常に備えを怠らないことを強調したものと考えられる。

八十　天下の大患

安政五年（一八五八）五月・二十九歳

天下《てんか》の大患《たいかん》は、其《そ》の大患《たいかん》たる所以《ゆえん》を知《し》らざるに在《あ》り。苟《いやしく》も大患《たいかん》の大患《たいかん》たる所以《ゆえん》を知《し》らば、寧《いずく》んぞ之《こ》れが計《けい》を為《な》さざるを得《え》んや

狂《きょう》夫《ふ》の言《げん》［戊午幽室文稿］

狂夫……松陰自らが気が狂った男と名のった。この時の難局を乗り切り、我国を誤りなきように進めるには狂ったくらいの者にして可能であると考えた。

【解説】

今の天下国家における大きな心配事は、その心配事、深い憂いの理由を知らないところにある。

そもそも大きな憂い事の真の理由を知ったなら、どうしてそれに対処する計画をたてないでいられようか。

日米修好通商条約の締結問題と将軍継嗣《けいし》問題を巡る米国の介入によって日本は滅亡の危機に瀕《ひん》していると松陰は危惧《きぐ》していた。

八十一　実甫往け

安政五年（一八五八）二月・二十九歳

実甫《じっほ》往《ゆ》け。
士此《しこ》の間《かん》に生《うま》れて、適《ゆ》く所《ところ》を択《えら》ぶを知《し》らざれば、
志気《しき》と才《さい》と、将《は》た何《なん》の用《もち》ふる所《ところ》ぞ

日下実甫《くさかじっほ》の東行《とうこう》送る序［戊午幽室文稿］

日下実甫……久坂玄瑞のことで実甫（じつほ又はじっぽ）は字名。高杉晋作と並んで松下村塾の双璧と呼ばれた逸材であった。松陰の妹文《ふみ》の婿。

【解説】

実甫（玄瑞）よ行くんだ。武士たるもの今のこのような変革の時期に生まれていながら、自分の行くべき道を選択できないようであれば、意気込みも才能も果して何の役に立つというのか。

松陰は久坂玄瑞を防長一流の人物と高く評価しており、玄瑞の東行（江戸留学）に当り、天下の英雄豪傑等と議論を重ねて、日本の進むべき方向を見極めてくるよう激励し期待している。

八十二　国家の大計

安政五年（一八五八）四月・二十九歳

国家《こっか》の大計《たいけい》を以《もっ》て之《こ》れを言《い》はんに、雄略《ゆうりゃく》を振《ふる》ひ四夷《しい》を馭《ぎょ》せんと欲《ほっ》せば、航海通市《こうかいつうし》に非《あら》ざれば何《なに》を以《もっ》て為《な》さんや

対策一道《たいさくいちどう》［戊午幽室文稿］

対策一道……米国の日本総領事タウンゼント・ハリスが強引な交渉で通商条約を結ぼうとしており、幕府はやむなく天皇の勅許により締結を図ることにしたが、勅許は諸藩主の意見聴取の上改めて願い出るようにとのことであった。そうであるならば、長州藩にも意見聴取があるはずだと松陰は考え、長州藩はどう回答するかを考えたものである。

【解説】

日本の大きな計画を考えてこれを言うとするならば、次のように考える。雄大な計画を奮い立たせて四方の外敵を思い通りに扱おうと思えば、航海通商を目指さなければ他に考えようがない。

この対策一道では、「墨夷《ぼくい》は絶《た》たざるべからず」（アメリカは攘《う》たなければならない）とも言っており、攘夷論も主張している。開国も言い、攘夷も言うという一見矛盾とも見えるが、松陰は通商等により国力を強くしてから攘夷を実行すべきであるという立場をとっていたと言えよう。

墨夷……アメリカのこと

八十三　新塾の役

安政五年（一八五八）六月・二十九歳

新塾《しんじゅく》の初《はじ》めて設《もう》けらるるや、
諸生《しょせい》皆《みな》此《こ》の道《みち》に率《したが》ひて以《もっ》て相交《あいまじ》はり、
疾病艱難《しっぺいかんなん》には相扶持《あいふち》し、
力役事故《りきえきじこ》には相労役《あいろうえき》すること、
手足《てあし》の如《ごと》く然《しか》り、
骨肉《こつにく》の如《ごと》く然《しか》り

諸生《しょせい》に示《しめ》す［戊午幽室文稿］

新塾……安政四年（一八五七）十一月五日、杉家の幽囚室で行われていた塾が、八畳大一間《ひとま》の小舎に移り、本格的な松陰の松下村塾が始まった。

【解説】

新しい塾舎に移ることとなったが、諸生は皆これに従って互いの交流が盛んとなり、病気や困難なことには助け合い、力仕事や思いがけないことに対してお互いに労力を惜しまないことは、自分の手足の如くであり、肉親の如くである。

松陰の松下村塾がいかに仲間意識が強く、家庭的な雰囲気であったかが窺われる。

八十四　増塾の役

安政五年（一八五八）六月・二十九歳

増塾《ぞうじゅく》の役《えき》、多《おお》くは工匠《こうしょう》を煩《わずら》はさずして、乃《すなわ》ち能《よ》く成《な》ることあるは、職《しょく》として是《こ》れに之《こ》れ由《よ》る

諸生に示す［戊午幽室文稿］

増塾……安政五年三月、松下村塾の塾生が日増しに多くなったので、塾主、塾生の共同作業で三畳二室、四畳半一室、計十畳半を増築したものである。

【解説】

塾の増築の力仕事については、大工の手を借りることなくよくでき上ったのは、労力を惜しまないなど主として是《これ》によるものである。

是によるとは、交友が盛んとなりお互いに労力を惜しまず、助け合いの精神や絆が強かったことによる結果である。

八十五　学の功

安政五年（一八五八）六月・二十九歳

学《がく》の功《こう》たる、気類《きるい》先《ま》づ接《せっ》し義理《ぎり》従《したが》って融《とお》る。区々《くく》たる礼法《れいほう》規則《きそく》の能《よ》く及《およ》ぶ所《ところ》に非《あら》ざるなり。学者自得《がくしゃじとく》する所《ところ》なくして、呶々多言《どうどうたげん》するは、是《こ》れ聖賢《せいけん》の戒《いまし》むる所《ところ》なり

諸生に示す［戊午幽室文稿］

【解説】

学問の効果を得るには、先ず気持ちや意思が通い合うことが大切で、その上で道理即ち人としての正しい道が知れるのである。

小さくて取るに足りない礼法や規則はむしろ邪魔なくらいなものである。学問を目指す者は自《みずか》ら体験して会得《えとく》するものがなくして、くどくどと多言を弄《ろう》する者は、聖人、賢人が、まさに嫌いいましめているものである。

学問の効果を上げるためには、仲間同士がまず気心が通じ合い自由に議論を交わすことができるようになることが先決であり、より深いものになっていくと主張している。

八十六　学校を奮はす

安政五年（一八五八）六、七月ごろ・二十九歳

余《よ》に二策《にさく》あり。一《いち》に曰《いわ》く学校《がっこう》を奮《ふる》はす、二《に》に曰《いわ》く作場《さくじょう》を起《おこ》す。（中略）大《おお》いに国中《くにじゅう》に令《れい》し、学問行義《がくもんこうぎ》の、人《ひと》の師表《しひょう》たるべき者《もの》、志気材能《しきさいのう》の学《まな》びて造《いた》るべき者《もの》、其《そ》の他《た》兵農暦算《へいのうれきさん》、天文地理《てんもんちり》、諸種《しょしゅ》の学芸《がくげい》の自《みずか》ら長《ちょう》とする所《ところ》を挟《いだ》ける者《もの》を募《つの》り、貴賤《きせん》に拘《かかわ》らず、浅深《せんしん》を問《と》はず、皆学生《みながくせい》に充《あ》つるを得《え》しむ

学校を論《ろん》ず　付《つけたり》、作場《さくじょう》［戊午幽室文稿］

【解説】

自分（松陰）に二つの方策がある。一つは学校を建てて奮起する、二つは作業所を作ることである。日本国内に通達して、学問への志があり行いの立派な世の中の模範となるような人、意気盛んで才能を高めようと努力し到達できる人、その他兵農暦算、天文地理、など各種の学芸において自分の長所をのばそうとする者を募集することである。その際、身分を問わず、到達の度合も問わず学生とすることである。

これの後文に「船匠・銅工・製薬・治革の工、（中略）船艦器械を講究せば、必ず成る所あらん」とあり、謂《い》わば近代化、工業化の展開に思いを回《めぐ》らせていたことが窺《うかが》われる。

第五章

尊皇攘夷

（一八五八〜一八五九年）

八十七　征夷の罪

安政五年（一八五八）七月・二十九歳

国患《こくかん》を思《おも》はず、国辱《こくじょく》を顧《かえり》みず、
而《しこう》して天勅《てんちょく》を奉《ほう》ぜず。
是《こ》れ征夷《せいい》の罪《つみ》にして、
天地《てんち》も容《い》れず、神人皆憤《しんじんみないきどお》る。
これを大義《たいぎ》に準《じゅん》じて、討滅誅戮《とうめつちゅうりく》して、
然《しか》る後《のち》可《か》なり、少《すこ》しも宥《ゆる》すべからざるなり

大義《たいぎ》を議《ぎ》す［戊午幽室文稿］

【解説】

国の災難を思わず、国の恥辱を顧みず、そのうえ天皇のお言葉を承《うけたまわ》らないのは、征夷大将軍即ち幕府の罪であって、天地の神々も許さず、神も人も皆憤慨《ふんがい》している。このことを大きな道義として、罪状に照して討《う》ち滅《ほろ》ぼすべきである。それは、少しも許されないものである。

討幕に対する確信が打出されているが、後段に、天朝と幕府の間の調停がなされ、幕府が恭順の意を示せばとこの段階ではまだ幕府に期待もしている。

八十八　玄瑞と暢夫

安政五年（一八五八）七月・二十九歳

余《よ》嘗《かつ》て玄瑞《げんずい》を挙《あ》げて、以《もっ》て暢夫《ちょうふ》を抑《おさ》ふ、
暢夫《ちょうふ》心《こころ》甚《はなは》だ服《ふく》せざりき。
未《いま》だ幾《いくば》くならずして、暢夫《ちょうふ》の学業《がくぎょう》暴《にわ》かに長《ちょう》じ、
議論《ぎろん》益々《ますます》卓《たか》く、同志《どうし》皆《みな》為《た》めに衽《えり》を斂《おさ》む

高杉暢夫《たかすぎちょうふ》を送《おく》る叙《じょ》［戊午幽室文稿］

暢夫……高杉晋作のこと。暢夫は字名。久坂玄瑞と並んで松門の双璧と称され、松陰の草奔崛起論《そうもうくっきろん》に基づき奇兵隊を組織し、討幕の気運を盛りあげた。

【解説】

自分（松陰）は曾《かつ》て久坂玄瑞を高く評価して、それに比べて暢夫、君はまだまだだと抑えた。それに対して暢夫は心底納得しなかった。

そうすると暢夫は俄然《がぜん》学問に取組み始めてその成果が急速にあがり、議論も相当できるようになった。そのため同志の諸君が敬意を表するようになった。

松陰の塾生教育は、議論、会読《かいどく》、対読《たいどく》など集団指導の方法も短期日の間に工夫されているが、その真骨頂は個人指導、個性伸長教育にあった。

一人ひとりを見る眼が、鋭く、厳しく、そして優しかったと言えよう。長所、短所を見抜く力量が非凡であった。

なお、安政五年の夏から秋にかけてのころが松陰の松下村塾の最盛期であった。

八十九　西洋兵学

安政五年（一八五八）九月・二十九歳

今余《いまよ》が西洋歩兵《せいようほへい》を学《まな》ぶことを論《ろん》ずるを以《もっ》て、我《わ》が国固有《くにこゆう》の得手《えて》を失《うしな》はんことを患《うれ》ふるものあり、大《おお》いに是《こ》れ事《こと》を解《かい》せざるものと云《い》ふべし。余《よ》が西洋歩兵《せいようほへい》を用《もち》ふるは即《すなわ》ち我《わ》が国固有《くにこゆう》の得手《えて》を自在《じざい》に使用《しよう》せんとの手段《しゅだん》なり

［西洋歩兵論《せいようほへいろん》］

【解説】

今、自分（松陰）が西洋の歩兵術を学んで議論しようとしていることをもって、我国固有の得意な戦法が失われることを心配し嘆く者がいるが、これはよく事を理解していないというべきである。

自分が西洋歩兵の戦法をとり入れようとするのは、我国固有の戦法と西洋の歩兵制を統合してもっと有効な戦法とするための手段である。

松陰は早くから西洋兵学へ関心を抱いていて、いずれ兵制は大きく変わることを予測していた。

九十　時勢を読む

安政五年（一八五八）九月・二十九歳

天朝《てんちょう》格別《かくべつ》の御英断《ごえいだん》なされずては、
神州《しんしゅう》は必《かなら》ず夷狄《いてき》の有《ゆう》となるべく、
皇太神《こうたいしん》の神勅《しんちょく》も今日《こんにち》きりなり、
三種《さんしゅ》の神器《じんぎ》も今日《こんにち》きりなり、
豈《あ》に痛哭《つうこく》に堪《た》ふべけんや

時勢論《じせいろん》［戊午幽室文稿］

「時勢論」……公卿《くぎょう》の大原重徳《おおはらしげのり》が諸藩の重役で国難打開に対する意見があればそれを聞きたいという意向があることを久坂玄瑞等から知らされて松陰が執筆したものである。

【解説】

天皇（孝明天皇）によって格別の秀れた御聖断《ごせいだん》がなされなければ、神国日本は必ず外国によって領有されるであろうし、天照大御神《あまてらすおおみかみ》の神勅も三種の神器も今日限りとなるであろう。

このようなことになることが、どうして嘆き悲しみに堪えることができようか。

神勅と三種の神器……天照大御神が天孫瓊瓊杵尊《ににぎのみこと》の国土統治のため高天原《たかまのはら》から天下《あまくだ》られる時に授けられたご命令。天壌無窮《てんじょうむきゅう》の神勅（皇位は天地と共に窮《きわま》りがないように）、斎庭《ゆにわ》の穂《いなほ》の神勅（神聖な田の稲穂を食べなさい）等三大神勅或いは五大神勅と呼ばれる。またこの時に授けられた八坂瓊曲玉《やさかにのまがたま》、八《や》咫鏡《たのかがみ》、草薙剣《くさなぎのつるぎ》を三種の神器といい、皇位のしるしとされた。

九十一　間部要撃策

安政五年（一八五八）十一月・二十九歳

同志《どうし》を糾合《きゅうごう》して神速《しんそく》に京《きょう》に上《のぼ》り、
間部《まなべ》の首《こうべ》を獲《え》てこれを竿頭《かんとう》に貫《つらぬ》き、
上《かみ》は以《もっ》て吾《わ》が公勤王《こうきんのう》の衷《ちゅう》を表《あらわ》し
且《か》つ江家名門《ごうけめいもん》の声《こえ》を振《ふる》ひ、
下《しも》は以《もっ》て天下士民《てんかしみん》の公憤《こうふん》を発《はっ》して、
旗《はた》を挙《あ》げ闕《けっ》に趨《おもむ》くの首魁《しゅかい》とならん

家大人《かたいじん》・玉叔父《ぎょくしゅくふ》・家大兄《かたいけい》に上《たてまつ》る書［戊午幽室文稿］

父（杉百合之助）、玉木の叔父（玉木文之進）、兄（杉梅太郎）に宛てた手紙

【解説】

志《こころざし》を同じゅうする人たちを集めて、極めて速《すみ》やかに京に上って老中間部詮勝《あきかつ》の首級《しゅきゅう》（討《う》ち取った首）を竿《さお》の先に貫いて、我が主君（藩主）にあっては勤皇のまごころを表わすとともに名門大江家を先祖とする毛利家の名声をあげ、長州の武士や民衆は挙《こぞ》って憤《いきどお》り、旗を掲げて宮城に向って行く魁《さきがけ》となるべきである。

間部要撃策《ようげきさく》……日米修好通商条約における違勅問題や外国に対する幕府の卑屈《ひくつ》な対応は、幕府指導者による愚策《ぐさく》であると考えた松陰は、安政五年十一月六日同志十七名と血盟《けつめい》して老中間部の要撃を謀《はか》った。これにより、藩は松陰の出発を阻止するため、厳囚《げんしゅう》の処置をとり、同年十二月二十六日野山獄に再入獄となる。

九十二　聖天子の垂知を蒙むる

安政五年（一八五八）十一月・二十九歳

一介《いっかい》の草莽《そうもう》区々《くく》の姓名《せいめい》、
聖天子《せいてんし》の垂知《すいち》を蒙《こう》むる、
何《なん》の栄《えい》か之《こ》れに加《くわ》へん

家大人《かたいじん》・玉叔父《ぎょくしゅくふ》・家大兄《かたいけい》に上《たてまつ》る書《しょ》［戊午幽室文稿］

【解説】

自分（松陰）はごく普通のつまらない者であるが、聖なる天皇（孝明天皇）より知己《ちき》をいただいた。これ以上の栄誉があるであろうか。

この父と叔父と兄に宛てた書簡は、「泣血漣々《きゅうけつれんれん》、所思《しょし》を竭《つく》すこと能《あた》はず。頑児《がんじ》矩方《のりかた》泣血拝白《はいはく》。十一月六日」と結んであり、決死の覚悟で老中間部詮勝要撃に当ろうとしていた松陰の凄《すさ》まじいまでの心のうちの発露である。

泣血漣々……血の涙がでるほど泣き尽す。

九十三　松陰の無念

安政五年（一八五八）十一月・二十九歳

豈《あ》に図《はか》らんや其《そ》の忠《ちゅう》と為《な》す所以《ゆえん》のものの忠《ちゅう》に非《あら》ず、而《しこう》して義《ぎ》と為《な》す所以《ゆえん》のもの義《ぎ》に非《あら》ず、徒《いたず》らに以《もっ》て国家《こっか》の梗害《こうがい》とならんとは。国家《こっか》を梗害《こうがい》するは、吾《わ》れの楽《たの》しむ所《ところ》に非《あら》ず。

諸友《しょゆう》に示す［戊午幽室文稿］

諸友に示す（十一月二十九日）……この時のものは松陰による松下村塾を閉じるに当って塾生に示したものである。

【解説】

全く思ってもみなかった、自分がまごころからの忠と思ってなしたものが忠ではないという、正義と思ってなしたことが正義ではないという、むなしく国家の刺《とげ》、妨げになろうとは。国家の妨げになることは、自分の望んでいるところではない。

理解者だったはずの藩の重臣周布政之助《すふまさのすけ》の主導による厳囚の処置で、要撃策が果せなくなった松陰の無念の発露である。

九十四　諸君と絶たん

安政五年（一八五八）十一月・二十九歳

是《こ》れより戸《と》を閉《と》ぢて屏居《へいきょ》し、厳《げん》に諸君《しょくん》と絶《た》たん。
諸君各々《しょくんおのおの》為《な》さんと欲《ほっ》する所《ところ》を為《な》せ、
吾《わ》れは則《すなわ》ち静坐黙処《せいざもくしょ》し、
以《もっ》て其《そ》の何如《いかん》を視《み》んのみ

諸友に示す［戊午幽室文稿］

【解説】

これより（松下村塾の）門戸を閉鎖し、自分（松陰）は家にこもり、君たちと厳しく交友を絶《た》つこととする。諸君はそれぞれ己がなそうと思うものをなしなさい。自分は静かに黙《もく》して座《ざ》し、どのようななりゆきになるかを見るだけである。

これにより、松陰による門弟教育は終ることとなる。

杉家の幽囚室で安政三年（一八五六）八月ごろから松陰の講義を受けるようになって二年数ヶ月、所謂《いわゆる》松下村塾の小舎では一年一ヶ月であった。

九十五　松陰の願い

安政五年（一八五八）十二月・二十九歳

松下《しょうか》陋村《ろうそん》と雖《いえど》も、誓《ちか》って神国《しんこく》の幹《もと》とならん

松下雖陋村
誓為神国幹

村塾《そんじゅく》の壁《へき》に留題《りゅうだい》す［戊午幽室文稿］

松陰の野山獄再入獄に際し、松下村塾塾生に遺した漢詩の最後の部分である。

【解説】

ここ松本村（松陰の実家杉家や松下村塾があった地区）は、鄙《ひな》びた田舎ではあるが、必ずや神国日本の根幹となろうではないか。

日本を変えていく中心的な人材となって欲しいという松陰の切なる願いであり、またそのような高い志のもとに弟子たちの指導に当ったとも言えよう。

またこの詩の中に「今我れ岸獄《がんごく》に投じ、諸友半ばは難《なん》に及ぶ。世事言ふべからず、此の挙旋《きょかえ》つて観るべし（今我岸獄投　諸友半及難　世事不可言　此挙旋可観）」とあり、自分のために自宅謹慎などの災難を受けた門下生のことを思い、この事件は却《かえ》って世の中に一考を促《うなが》すことであろうと言っている。

九十六　忠義と功業

安政六年（一八五九）正月・三十歳

僕《ぼく》は忠義《ちゅうぎ》をする積《つも》り、諸友《しょゆう》は功業《こうぎょう》をなす積《つも》り。
さりながら人々《ひとびと》各々《おのおの》長《ちょう》ずる所《ところ》あり、
諸友《しょゆう》を不可《ふか》とするには非《あら》ず

某宛《ぼうあて》［書簡］

安政五年（一八五八）十二月に、高杉晋作、久坂玄瑞等五名から老中間部詮勝要撃計画は時期尚早であるという血判書が野山獄の松陰のもとに届いていた。

【解説】

僕（松陰）は国家に忠義を尽すつもりであるが、諸君（門下生たち）はただ手柄を立てて人に褒《ほ》められようとしている。しかし人それぞれ長所があるから、諸君を否定するわけではない。

時期尚早論を主張する高杉たちに対して、最も期待をしていた者からの反対であるから松陰の衝撃は大きいものがあった。松陰は次第に孤立して遂には絶交を言い出し、絶食事件になっていく。

立つべき時は立つ。様子見などする必要はないという松陰の強い意志が際《きわ》立っている。

九十七　誠なきなり

安政六年（一八五九）正月・三十歳

吾《わ》れの尊攘《そんじょう》は誠《まこと》なきなり、宜《むべ》なり人《ひと》の動《うご》かざることや

野山日記《のやまにっき》・正月二十四日［己未文稿《きびぶんこう》］

「己未文稿」……安政六年一月から五月までの「野山日記」を始め約百五十篇にわたる野山獄中における論考、書簡、詩歌等をまとめたもの。

【解説】

自分（松陰）の尊皇攘夷は誠の心が足りなかったのだ。だから人が動いてくれなかったのだ。尤《もっと》もなことだ。

この言葉の前に「吾が事已《おわ》んぬ、然《しか》らば則ち何如《いかん》せん、其れ積誠《せきせい》より始めんか」とあり、自分の尊皇運動は誠の心が足りなかったから成就しなかったのであれば、まごころを積み重ねることから始めなければならないと心に誓うのであった。

九十八　気節行義

安政六年（一八五九）正月・三十歳

気節行義《きせつこうぎ》は村塾《そんじゅく》の第一義《だいいちぎ》なり、徒《ただ》に書《しょ》を読《よ》むのみに非《あら》ざるなり

野山日記・馬島《まじま》に与《あた》ふ［己未文稿］

馬島……馬島甫仙《ほせん》のこと。松陰から書を読む力を塾中第一流と高く評価され、塾の後継者として期待された。名は光昭、甫仙は通称。

【解説】

堅く道を守って変わらない意志と正義を行うことが村塾の最も目指していることである。ただ単に書物を読むだけのことではない。

この稿の初めに、「甫仙足下、村塾の主持《しゅじ》、僕実に足下に委《まか》す、足下果して能《よ》く之れに任ずるか」とあり、松下村塾の塾主を任せたい、しっかりやって欲しいとの期待を表わしている。

実際に慶応元年（一八六五）から約五年間松下村塾を主宰し、その時の塾生は、「さすがに松門の神童と云はれた程あって実に博学な先生で、その端正さと熱心さは実に感服するの外はなかった」と述懐している。

九十九　無逸へ

安政六年（一八五九）正月・三十歳

足下《そっか》の質《しつ》は非常《ひじょう》なり、足下《そっか》の才《さい》も非常《ひじょう》なり、
憂《うれ》ふる所《ところ》は学問《がくもん》未《いま》だ足《た》らざるのみ。
唯《た》だ願《ねが》はくは古書《こしょ》を読《よ》み、古人《こじん》に交《まじ》はり、
古人《こじん》の為《な》す所《ところ》を為《な》して、
古人《こじん》の思《おも》ふ所《ところ》を思《おも》ひ、
得《え》るあらば教《おし》へられよ

野山日記・無逸《むいつ》に与《あた》ふ［己未文稿］

無逸……吉田栄太郎《えいたろう》（稔麿《としまろ》）の字名。松下村塾の四天王と称された一人。池田屋事件で深手を負い自刃《じじん》する。

【解説】

君の素質は普通ではなく、才能も秀れている。心配なのは学問が足らないところである。従って願うのは、古典を読んで、昔の偉人や賢者と交わってその実践を習い、その思考に深く思いを致し、得るところがあったならば教えて欲しい。

松陰は塾生の中でも吉田栄太郎を特に期待していた。しかし栄太郎は家族、親族から塾での交際を禁じられ、松陰や塾生たちとの交信を絶った。松陰がそれを心配して与えたものである。

第六章

皇国への想い（一八五九年）

百　松陰の嘆き①

安政六年（一八五九）正月・三十歳

勤王一事《きんのういちじ》は吾《わ》が藩《はん》の任《にん》なり。
当御参府《とうごさんぷ》は又官賊分岐《またかんぞくぶんき》の辰《とき》なり。
此《こ》の時《とき》に当《あた》り一人《いちにん》の死罪《しざい》を獲《え》、
直諫《ちょっかん》する人《ひと》なきは残念至極《ざんねんしごく》にはなきや

岡部富太郎《おかべとみたろう》宛　［書簡］

岡部富太郎……十八歳で松下村塾入塾。松陰の再投獄で罪名を問い正そうとして藩の重役に迫り、謹慎処分を受けた。四境戦争（幕長戦争）や戊辰戦争で戦功があった。

【解説】

勤皇に勤めることは長州藩の任務である。この度《たび》の参勤は長州藩が官軍となるか賊軍となるか分かれ目の時である。この大事な時に、死を覚悟して藩主に対し遠慮なく諫《いさ》める者がいないとは残念この上ないことではないか。

この手紙で、高杉等から観望《かんぼう》の論（時期尚早論）が来たが納得できない、「皆々ぬれ手で粟《あわ》をつかむ積りか」とあり、失望している。

百一　松陰の嘆き②

安政六年（一八五九）正月・三十歳

日本《にほん》もよくもよくも衰《おとろ》へたこと、
実《じつ》に堂々《どうどう》たる大国《たいこく》に
大節《たいせつ》に死《し》する者《もの》子遠一人《しえんひとり》とは、なしたなさけない

入江杉蔵《いりえすぎぞう》宛［書簡］

入江杉蔵……通称入江九一《くいち》又は杉蔵。字名は子遠《しえん》。松下村塾の四天王の一人とされ、松陰は「誠に才智之れあり、忠義の志厚く感心のもの」と期待した。禁門の変で戦死。享年二十八。

【解説】

なんと日本も衰えたことよ。実に堂々とした大国である我が長州藩に今のこの重大事の時に命をかけようとする者が、子遠一人とは何と情けないことよ。

松陰は高杉晋作等が今は行動すべき時ではなく、いずれ決起の時はくるのでその時を待つべきだという時期尚早論に対して焦燥感《しょうそうかん》に駆《か》られ、塾生たちには期待できないと思っていた。そのような状況下で入江杉蔵は松陰についてきてくれていた。

この書簡は安政六年一月二十三日付で、この翌日から絶望した松陰は絶食に入った。しかし、父母叔父から心からなる強い説得もあり、一月二十五日には絶食を止めている。

百二　要駕策

安政六年（一八五九）二月・三十歳

諸友《しょゆう》皆《みな》云《い》ふ、「要駕策《ようがさく》は不可《ふか》」と、百方《ひゃっぽう》之《こ》れを沮《はば》む。余《よ》断然《だんぜん》以《もっ》て可《か》と為《な》す

要駕策《ようがさく》主意《しゅい》上　［己未文稿《きびぶんこう》］

要駕策……伏見《ふしみ》要駕策と称されているもので、安政六年三月に長州藩主毛利敬親《もうりたかちか》が参勤交代で江戸へ赴く時、尊攘派公卿《くぎょう》の大原重徳《おおはらしげとみ》等に京伏見で待ちうけてもらい、藩主を説得して京都で尊皇攘夷を決起しようとする策である。

【解説】

友人や門下生たちには、要駕策は駄目だと皆に言われ、周囲の人たち全てが阻止しようとしている。しかし自分はこれは必ず実行すべきことだと断言《だんげん》する。

この後文に「正議の公卿《くぎょう》と反覆国事を商議し、又草莽《そうもう》の志士を引見して問ふに時務《じむ》を以てせば、一月を出でずして、四方の士必ず争ひて京師《けいし》に集まり、大計定むべきなり」とあり、正議の公卿を始めとし草莽の志士に至るまでくり返し国事のことを話し合えば必ず成功するものと主張している。

百三　高杉晋作へ

僕《ぼく》は君《きみ》に負《そむ》き父《ちち》に負《そむ》くの人《ひと》、死《し》を求《もと》むべき人《ひと》、
万事念《ばんじおもい》なし。
但《た》だ朋友《ほうゆう》の情甚《じょうはなは》だ深《ふか》し、
良朋親友寝寐《りょうほうしんゆうしんび》も忘《わす》るべからず

安政六年（一八五九）二月・三十歳

高杉晋作《たかすぎしんさく》宛［書簡］

寝寐……寝も寐もともにねむる、ねるの意。

【解説】

僕は主君（藩主）に背《そむ》き父に背いた者で、死をもって報いなければならない者である。すべてのことに対して思い残すことはない。しかし友人たちへの思いは大変深いものがあり、良き友、親しき友は寝ている時でも決して忘れることはない。

絶望感、孤独感にあっても、塾生や友人たちへの深い思いは忘れ難いものがあり、特に信頼の厚かった高杉への期待はどうしても捨て難いものであったであろう。

百四　暢夫後必ず成る

安政六年（一八五九）二月・三十歳

暢夫《ちょうふ》後《のち》必《かなら》ず成《な》るあるなり。今《いま》妄《みだ》りに其《そ》の頑質《がんしつ》を矯《た》めば、人《ひと》と成《な》らざらん

高杉晋作宛［書簡］

暢夫……高杉晋作の字名。
この言葉は前項と同じ書簡に書かれているものである。

【解説】

暢夫よ君は後々必ず人として立派に成長するであろう。今、無理にその頑固な性質を曲《ま》げて改めようとしたならば、立派な成長はしないであろう。

松陰は塾生を指導するに当って、その短所も決して否定せず、長所として捉えようとしている。

例えば、吉田稔麿《としまろ》（本書九十九番参照）に対しても、「無逸の頑は吾れ或は平《たいら》にすること能はざらん。是れ其の啓すべき処なり」と言い、稔麿の頑質はむしろ敬愛すべきだと言っている。

百五　平時喋々、平時炎々

安政六年（一八五九）二月・三十歳

平時《へいじ》喋々《ちょうちょう》たるは、事《こと》に臨《のぞ》んで必《かなら》ず唖《あ》。
平時《へいじ》炎々《えんえん》たるは事《こと》に臨《のぞ》んで必《かなら》ず滅《めっ》す。
孟子《もうし》、浩然《こうぜん》の気《き》、助長《じょちょう》の害《がい》を論《ろん》ずるを見《み》るべし

諸友《しょゆう》宛　［書簡］

諸友……「中谷・久坂・高杉等へ伝へ示し度《た》く候《そうろう》」とあり、中谷正亮《しょうすけ》、久坂玄瑞、高杉晋作に宛てた手紙である。

【解説】

日ごろべらべらと口数の多い者は、いざ現実に向き合うと途端《とたん》に黙ってしまうものだ。日ごろ血気盛んな者は、いざ現実に向き合うと案外意気消沈するものだ。『孟子』の浩然の気（本書五十七番参照）を手早く無理に養おうとすると、却《かえ》って害になるということをよく考えてみるがよい。

塾生たちが伏見要駕策等松陰の討幕論に従わないことに対して憤慨《ふんがい》している気持ちの表現である。

百六　諸友に告ぐ

安政六年（一八五九）三月・三十歳

僕《ぼく》は罪囚《ざいしゅう》なり、
世事《せじ》を言《い》ふべきの人《ひと》に非《あら》ざるなり。
但《た》だ尊攘《そんじょう》は非常《ひじょう》の大事《だいじ》なり、
故《ゆえ》に非常《ひじょう》を以《もっ》て之《こ》れを言《い》ふのみ

諸友《しょゆう》に告《つ》ぐ〔己未文稿〕

諸友……この諸友も久坂玄瑞、高杉晋作、中谷正亮《しょうすけ》の三名である。

【解説】

僕は罪を犯して投獄された者であるから、世の中の出来事などを言うべき人ではない。しかし、尊皇攘夷は国家や藩の存亡にかかわる重大事である。従って普通でない緊急の状態であるから敢えて言っているのだ。

この言葉の前に「僕切に諸友に告ぐ、爾後《じご》誓つて尊攘を言ふことなかれ、此の四五十年中決して諸友尊攘の時なし」と言っており、君たちでは到底尊皇攘夷はなし得ないであろうと謂《い》わば突放しているが、やがて彼等によって、討幕、尊皇攘夷は実現していくのであり、やはり松陰のこの強い気概が塾生たちを動かしていったのである。

百七　真骨頭の求得

安政六年（一八五九）三月・三十歳

学問《がくもん》は須《すべか》らく己《おの》が真骨頭《しんこっとう》を求得《ぐとく》し、然《しか》る後《のち》工夫《くふう》を著《つ》くべし

思父《しほ》を詰《なじ》る［己未文稿］

思父……品川弥二郎《しながわやじろう》の字名。十五歳で松下村塾に入塾。松陰は「少年中稀覯《きこう》の男子なり」と高く評価した。徳川慶喜追討に当り「トコトンヤレ節」を作ったとされる。明治政府では内務大臣など歴任し、信用組合の普及に尽力した。

稀覯……めったに見られないこと。まれに見る秀れたもの。

【解説】

学問は是非《ぜひ》とも先ずは本来自分のもっている特質をとらえたうえで、更に良い方法に考えを巡らせるようするべきである。

この言葉のあとに「思父は悪を悪《にく》むの人なり」「心上に尊攘の二字なくんば、天下何の悪《あく》をか悪《にく》みて何の善《ぜん》をか善《よみ》せん」とあり、弥二郎が「吾れ復《ま》た尊攘を言はず」と言ったことに対し、尊攘をおいて悪を憎むことはあり得ないではないか、自分自身の心を欺《あざむ》くことはできないはずではないかと厳しく迫っている。

善《よみ》す……立派であるとほめる。嘉《よみ》する。

百八　死の自然説

他人《たにん》の評《ひょう》は何《なん》ともあれ、自然《しぜん》ときめた。
死《し》を求《もと》めもせず、死《し》を辞《じ》しもせず、
獄《ごく》に在《あ》つては獄《ごく》で出来《でき》る事《こと》をする、
獄《ごく》を出《いで》ては出《いで》て出来《でき》る事《こと》をする

安政六年（一八五九）四月・三十歳

入江杉蔵《いりえすぎぞう》宛［書簡］

【解説】

他人の自分（松陰）に対する批評はどうあれ、自然に任すことと決めた。敢えて死を求めようとはしないが、死を恐れることもない。獄に居れば獄でできることをするし、獄を出れば出てできることをする。

間部要撃策や伏見要駕策が門弟たちの賛意を得られず失敗に終わったことに孤独感、絶望感を抱いていた松陰は、死についてその時機や価値ある死に方を模索し、苦悶《くもん》していたが、このころ死は自然に任せる心境に達した。

百九　読書

安政六年（一八五九）四月・三十歳

読書《どくしょ》最《もっと》も能《よ》く人《ひと》を移《うつ》す。畏《おそ》るべきかな書《しょ》や

野村《のむら》和作《わさく》宛［書簡］

野村和作……野村靖《やすし》。和作は通称。久江九一（杉蔵）の弟。十六歳で松下村塾に入る。岩倉使節団の一員として欧米を視察し、明治政府では内務大臣、逓信大臣など歴任。晩年は松陰思想の普及に努めた。

【解説】

読書は大きく人を変える力がある。書物というものは尊く有難いものだ。

野村和作とは生死についてたびたび意見を交換しているが、最近までは今死すべきときだと思っていたが、この書簡では「うぬぼれながら吉田義卿《ぎけい》神州の為めに自愛すべし」と言っており、草奔崛起《そうもうくっき》の論で突き進んでいけば道は開けるのではないかと考え、生きてなすべきことをやらねばと考えを改めた。

そのためには、今は読書を重ねて力を貯えておかねばならないときだと考えた。

義卿……松陰の別名。字名。

百十　象山先生を慕う

安政六年（一八五九）四月・三十歳

矩方《のりかた》謹《つつし》んで再拝《さいはい》して白《もう》す。
奉別《ほうべつ》六年《ろくねん》、世事《せじ》百変《ひゃくへん》す。
丈室《じょうしつ》、身《み》は囚《しゅう》せらるるも、千里《せんり》、志《こころざし》は存《そん》す。
遥《はる》かに欽《した》ひ遠《とお》く慕《した》ふ、鄙懐《ひかい》何《なん》ぞ止《や》まん

象山《しょうざん》先生に与《あた》ふる書［己未文稿］

象山先生……佐久間象山。信濃《しなの》の松代藩士で、幕末の兵学者、洋学者。下田踏海のことなど海外事情の習得に対して松陰に大きく影響を与えた。

鄙懐……「自分の思い」を遜《へりくだ》って言う表現。

【解説】

矩方（松陰の本名）、謹んで礼を尽し申し上げます。お別れしてもう六年、世の中は全く変わっています。

自分は野山獄の囚人として、獄室にあって、象山先生との間は遠く離れていますが、先生の学風を継承しようとする志は固くもち続けています。遥かに遠く隔てていても先生をお慕いする我が懐《おも》いは止むことはありません。

松陰は佐久間象山を師と呼び、尊敬の念をもち続けていた。

百十一　至誠

安政六年（一八五九）五月・三十歳

至誠《しせい》にして動《うご》かざる者《は》未《いま》だ之《こ》れあらざるなり。

吾《わ》れ学問《がくもん》二十年《にじゅうねん》、齢《よわい》亦《また》而立《じりつ》なり。

然《しか》れども未《いま》だ能《よ》く斯《こ》の一語《いちご》を解《かい》する能《あた》はず。

今茲《いまここ》に関左《かんさ》の行《こう》、願《ねが》はくは身《み》を以《もっ》て之《こ》れを験《ため》さん。

乃《すなわ》ち死生《しせい》の大事《だいじ》の若《ごと》きは、姑《しばら》くこれを置《お》く

小田村伊之助《おだむらいのすけ》に与ふ　［東行前日記《とうこうぜんにっき》］

而立……『論語』の三十而立《さんじゅうにしてたつ》によっており、三十歳のこと。

関左……江戸へ護送（檻送《かんそう》）されること。檻送は罪人を囲いに入れて送ること。囲いには網を掛ける。

小田村伊之助……後、楫取素彦《かとりもとひこ》と改名。松陰の妹寿《ひさ》と結婚。寿亡きあと三妹文《ふみ》（美和《みわ》）と再婚。

「東行前日記」……松陰江戸送りの幕府の命令が下ったことを知らされた安政六年五月十四日から五月二十五日萩を出立するまでの漢詩、和歌、思索などをまとめたもの。

【解説】

誠の心を尽して事が動かなかったことは、これまでなかったことである。誠《まこと》心《ごころ》を真に尽せばものは必ず動く筈《はず》である。(孟子の言葉)

私は、学問を志して二十年、年齢も三十歳となった。しかし、いまだによくこの言葉を理解して実体験したとは言えない。今幕命により江戸へ護送されることになった。この際、至誠を尽し幕府に相対して験そうと心に期している。従って今は死生に関する重大な事は暫《しばら》く置いておくこととする。

百十二　家風

安政六年（一八五九）五月・三十歳

謹《つつし》んで吾《わ》が父母《ふぼ》伯叔《はくしゅく》を観《み》るに、忠厚勤倹《ちゅうこうきんけん》を以《もっ》て本《もと》と為《な》す。吾《わ》れ窃《ひそ》かに祖母《そぼ》の風《ふう》を仰《あお》ぐ、蓋《けだ》し由《よし》あり

宗族《そうぞく》に示《しめ》す書［東行前日記］

宗族……共通の祖先を持つ一族

【解説】

謹んで我が父母や伯叔父を見れば、偽りがなく真心を尽くし親切で、まじめに働いて倹約《けんやく》につとめることを基本としている。これは祖母の教えによるものだとひそかに思っているが、まず間違いないことだと思う。

祖母は、松陰の祖父杉七兵衛《しちべえ》の妻で、慎み深く誠実の人であった。松陰の母瀧《たき》もまたそうであった。

この言葉のあと、「今吾が兄弟 行《おこない》 漸《ようや》く将《まさ》に泰奢《たいしゃ》の風を萌《きざ》さんとす」とあり、杉家が贅沢《ぜいたく》（泰奢）の風に向かおうとしていることを厳に戒めようとしている。「其の忠厚を存する者は兄伯教《はくきょう》に若《し》くはなし」とも言っており、兄の梅太郎に及ぶものはないので、それに習うがよいと諭《さと》している。

伯教は兄梅太郎の号名。

百十三　涙松の別れ

安政六年（一八五九）五月・三十歳

帰《かえ》らじと思《おも》ひさだめし旅《たび》なれば
ひとしほぬるる涙松《なみだまつ》かな

［涙松集《るいしょうしゅう》］

「涙松集」……幕府の召喚《しょうかん》の命によって、安政六年五月二十五日萩を出立し、護送されて江戸に着くまで、約一ヶ月間に詠まれた二十首の歌集。

【解説】

もう二度と帰ることがないと心に決めた旅であるから、萩の町が見えなくなる涙松に来ると一層涙が出てくることよ。

萩の町並みが見えなくなる坂道にある街道松を人々は涙松と呼んだ。萩を発《た》つ人はここを最後に振り返って涙し、帰る人は萩が見えたことに涙したことからいつしか涙松といわれるようになった。

松陰にとっては、故郷萩との永遠の離別となった。

百十四　達観

安政六年（一八五九）七月・三十歳

死《し》は好《この》むべきにも非《あら》ず、
亦《また》悪《にく》むべきにも非《あら》ず、
道尽《みちつ》き心安《こころやす》んずる、
便《すなわ》ち是《こ》れ死所《ししょ》

高杉晋作宛［書簡］

【解説】

死は好むものではないし、また嫌うものでもない。

人として誠の心を貫き、正しい道を踏み行いつづけた結果、心が安らいでくる。この時こそが死ぬ時であろう。

高杉が「丈夫《じょうぶ》死すべき所如何《いかん》」と男子たる者死に時は如何《いか》なる時かと問いかけてきたことに対し、答えたものである。

この時から約三ヶ月後に松陰は死すことになるが、この時点で既に死を超越した心境に達していたと言えよう。

百十五　死生観

安政六年（一八五九）七月・三十歳

死《し》して不朽《ふきゅう》の見込《みこみ》あらばいつでも死《し》ぬべし。
生《い》きて大業《たいぎょう》の見込《みこみ》あらばいつでも生《い》くべし

高杉晋作宛［書簡］

前項（百十四番）と同じ高杉宛の書簡の言葉である。

【解説】

死ぬことによって、その名声が永久に滅びない見込みがあると思えば、いつでも死んでよい。生きることによって、国家的、社会的な大事業が成し遂《と》げられる見込みがあれば、生きてやればよい。

生死は如何に国家社会に尽せるかという視点で捉えられており、強烈な憂国のおもいに貫かれている。

百十六　皇国を想う

安政六年（一八五九）十月・三十歳

神勅相違《しんちょくそうい》なければ日本《にほん》は未《いま》だ亡《ほろ》びず、日本《にほん》の未《いま》だ亡《ほろ》びざれば正気《せいき》重《かさ》ねて発生《はっせい》の時《とき》は必《かなら》ずあるなり

堀江克之助宛《ほりえかつのすけ》［書簡］

堀江克之助……水戸藩の郷士《ごうし》。安政四年（一八五七）米国総領事ハリスが江戸城で将軍に謁《えっ》する由を聞き、これを要撃しようとしていたが、幕府がこれを探知し、伝馬町の獄に入れられる。同獄においで松陰と特に親交があった。

【解説】

天照大御神の神勅（本書九十番参照）に相違がないならば、日本は亡びることはない。亡びることがないならば、尊皇攘夷の正義の気風は必ず発生する時が来るはずである。

この書簡には、「皇神《すめかみ》の誓ひおきたる国なれば正しき道のいかで絶ゆべき」という歌も記されてある。

神々が誓われて祝福された我が国日本だから、どうして正しい道が絶えることがあるだろうか。

自分たちの大義は、もともと日本の天神地祇《てんしんちぎ》の神々が形作られたものによるものであって、神々の祝福があれば決して正しい道が絶えることはないと確信している。

百十七　死の知らせ

安政六年（一八五九）十月・三十歳

親思《おやおも》ふこころにまさる親《おや》ごころ
けふの音《おと》づれ何《なん》ときくらん

父叔兄宛《ふしゅくけい》［書簡］

父叔兄宛……父杉百合之助、叔父玉木文之進、兄杉梅太郎宛に処刑七日前江戸の獄より送られた手紙。「永訣《えいけつ》の書《しょ》」と呼ばれているものである。

【解説】

子が親を思う心より、親が子を思う心のほうがはるかに大きい。この度の私の死の知らせを父上、母上はどんなお気持でお聞きになるであろうか。

父叔兄宛ではあるが、実母、養母及び三人の妹たちへも気遣いをしている。

「家祭《かさい》には私平生用ひ候 硯《へいぜいもちいそうろうすずり》と、去年十月六日呈上 仕り候書《ていじょうつかまつりそうろうしょ》とを神主《しんしゅ》と成され候様頼み奉り候《ようたのみたてまつりそうろう》」と認《したた》められてあり、亡きあとの霊魂の宿るものを指定しているが、これがやがて松陰神社の霊代《みたましろ》（ご神体）となる。

神主……死者の官位や姓名を書いて霊舎《みたまや》に安置するもの。木主《ぼくしゅ》ともいう。

百十八　絶筆

安政六年（一八五九）十月・三十歳

此《こ》の程《ほど》に思《おも》ひ定《さだ》めし出立《いでたち》は
けふきくこそ嬉《うれ》しかりける

絶筆《ぜっぴつ》［詩文拾遺《しぶんしゅうい》］

絶筆……生涯の最期に書かれた筆跡。
「詩文拾遺」……松陰全集のどこにも収められていない和歌、漢詩をまとめたもの。

【解説】

これほどまで思い定めた死出の旅立ちであり、その呼び出しの声を今聞くことは、思い残すことなくうれしい限りである。

「十月二十七日呼出しの声をききて」という前置きがあり、この日の朝、幕府の評定所へ呼び出しがあったことを聞き、懐紙《かいし》にこの歌を書き留めた。

死を超越した松陰の濁りのない澄み切った心情が胸を打つ。なお、「けふきく」の「く」の右側の点は、第四句が字足らずであることに気付いたが、調整する暇がなく、点を打つことに留めたものと理解されている。

百十九　留魂

安政六年（一八五九）十月・三十歳

身《み》はたとひ武蔵《むさし》の野辺《のべ》に朽《く》ちぬとも
留《とど》め置《お》かまし大和魂《やまとだましい》

辞世［留魂録《りゅうこんろく》］

「留魂録」……松陰が江戸伝馬町《てんまちょう》の幕府の獄で、刑死する前々日から前日（十月二十六日）の夕刻までに書き上げた門下生への遺言の書というべきもの。この歌は、その冒頭に書かれたものである。留魂録は遺書としては第一級のものと評価されるものである。

【解説】

私の身は武蔵国（江戸）で朽ち果てていこうとも、私の国を守ろうとする憂国《ゆうこく》の魂はこの世にとどまり続けていきたいものだ。

三十年の生涯をまさに懸命に生きぬき、門下生たちがその熱い思いを受け継いでくれたなら、たとい肉体が滅びようとも魂は永遠に生き続けるであろうと確信していた。

「留魂録」は松陰によって二通書かれ、一通は門下生に渡り門下生たちが読んだが所在不明となる。もう一通は松陰から託された伝馬町の牢の同囚であった沼崎《ぬまさき》吉五郎《きちごろう》が十七年間も守り通し塾生の野村靖に渡されたものが、現在松陰神社に伝存されているものである。

百二十　同志への遺言

安政六年（一八五九）十月・三十歳

義卿三十《ぎけいさんじゅう》、四時《しいじ》已《すで》に備《そな》はる、亦《また》秀《ひい》で亦《また》実《みの》る、
其《そ》の秕《しいな》たると其《そ》の粟《ぞく》たると吾《わ》が知《し》る所《ところ》に非《あら》ず。
若《も》し同志《どうし》の士《し》其《そ》の微衷《びちゅう》を憐《あわれ》み継紹《けいしょう》の人《ひと》あらば、
乃《すなわ》ち後来《こうらい》の種子《しゅし》未《いま》だ絶《た》えず、
自《みずか》ら禾稼《かか》の有年《ゆうねん》に恥《は》ぢざるなり。
同志《どうし》其《そ》れ是《こ》れを考思《こうし》せよ

［留魂録］

【解説】

義卿（松陰の号名）は三十歳となり、春夏秋冬の四時はちゃんと備わっていて、きっちり実っている。しかし、その中身が空っぽなのか、よく実っているのか、即ちつまらない人間なのか、秀《すぐ》れた人間なのかは自分の知るところではない。同志の諸君、もし私のまごころに賛同し、尊攘の志を受継いでくれる人があれば、今から後に続く尊攘の志という種子が絶えることはない。そうであるならば、稲がよく稔《みの》った豊年に恥じないこととなるのである。

同志諸君、このことをしっかり考えて欲しい。

ここの部分の言葉の力が門下生の心と行動を突き動かしたと考えられる。留魂録は全十六節から成り、この文は第八節の終りの部分である。

百二十一　辞世

安政六年（一八五九）十月二十七日口吟《こうぎん》・三十歳

吾《わ》れ今国《いまくに》の為《ため》に死《し》す、
死《し》して君親《くんしん》に負《そむ》かず。
悠々《ゆうゆう》たり天地《てんち》の事《こと》、
鑑照《かんしょう》、明神《めいしん》に在り

吾今為国死
死不負君親
悠々天地事
鑑照在明神

辞世［詩文拾遺］

口吟……松陰自身が吟《ぎん》じたものを幕府の評定所において死刑の判決を言い渡される際、長州藩士として立会った小幡高政《おばたたかまさ》が書き取ったものとされている。吟じたのは判決を受けて評定所を出ていく時であった。

【解説】

今、私は国のためにこの身を捧《ささ》げる時が来た、死すとも君に忠に親に孝の道にそむくことはない。悠久に続く永遠の天地のことを思う時、神々よ、どうぞ私の憂国の誠の情をご照覧《しょうらん》下さい。

松陰は先ず「留魂録」冒頭の和歌「身はたとひ……」（本書百十九番参照）を吟じ、続いてこの漢詩を朗々《ろうろう》と吟じた。

このあと、伝馬町の牢の刑場で全く動ずることなく従容《しょうよう》として死に臨み、まさに見事な最期であった。

跋

松陰神社で御祭神吉田矩方命《のりかたのみこと》として松陰先生の霊《みたま》にお仕えしていることから、その類稀《たぐいまれ》な思索と行動を可能な限り多くの人々に伝えたいとの思いから、松下村塾や神社会館立志殿で講話、講演を続けているところであり、その内容は主として以下の通りである。

①有為な人材育成への明確な目的意識。

松陰先生の考える教育の使命。華夷弁別《かいべんべつ》。「松下陋村《しょうかろうそん》と雖《いえど》も誓って神国の幹《もと》とならん」

②松下村塾は何故世界文化遺産に登録されたのか。「明治日本の産業革命遺産―製鉄・製鋼、造船、石炭産業―」の一資産として。

③長州藩における江戸後期の教育環境。日本が産業革命を達成し得たのは江戸

後期の教育環境にあった。特に寺子屋と私塾。
④野山獄における獄中教育。
松陰先生の教育者としての本領発揮は、野山獄における獄中教育にその萌芽がみられる。性善説に基づく恕の精神。
⑤松下村塾の一年一ヶ月。
何故短時日で多くの逸材が輩出したのか。
⑥立志の教育。「志を立てて以て万事の源と為す」という立志の教育に塾生はどう応えていったのか。
⑦授業の実際。学習内容や授業の方法はどのようなものであったのか。特に個性教育について。
⑧「留魂録」の意味するもの。
松陰先生は塾生たちに何を伝えようとしたか。
⑨人を育てる基盤は家庭にある。

「杉の家法に世の及びがたき美事あり」
⑩松陰先生と塾生相互の人物評。
九十二名の塾生が通ったと言われる中で、七十八名分について松陰先生の塾生に対する人物評が遺されている。また数名の塾生が松陰先生の人物評を書き遺しているか、聴き書きがある。

以上が講話、講演の主な内容であるが、時間の設定により当然話す分量は異ってくる。このような話をするなかで、松陰先生の言葉を引用することが大切な要件となってくることから、「序」や「凡例」で示した通り全集や撰集から抜書きしたものの中から、百二十一篇を選定したものである。

さて、この編著の切っ掛けを与えられたのは、萩市の若き友人関伸久氏（キモノスタイルカフェ経営者、萩市議会議員）が、開発商品の箱に吉田松陰肖像画を用いたことから、その箱に是非松陰先生の言葉の解説を書いた栞《しおり》を入れたいので協力して欲しいということからであった。

その解説文に関氏が興趣をもたれ、このような松陰先生の言葉と解説を出版したらどうかと強く背中を押され、先ずは致知出版社に相談しようということとなり、今一人の友人山縣賢一郎氏（山県自動車㈱社長、萩市商工会議所副会頭）と私と三人で上京し、藤尾秀昭社長さん以下スタッフの方々に面会したのであった。

藤尾社長さんも理解を示して下さり、花坂雅之セミナー・広告部部長さんの仲介もあって、担当の書籍編集部次長小森俊司さんのご尽力をいただきながら上梓の運びとなった次第である。

この間、田村充正氏（協和建設工業㈱会長、萩法人会会長）の協力をいただいたことも成就した力となり、萩市の三人の友人に衷心より感謝の意を表する次第である。この三方は萩木鶏クラブの会員であり、私にとって大切な学びの仲間であることも申しておきたい。

百二十一篇に絞ったために登載したい言葉は数あるが、聊《いささ》か少なめの中にも松陰先生の熱情と懐の広い思索と行動の一端は示し得たものと密かに思うところである。

この出版に当っては、致知出版社のご理解と編集へのご教示、ご協力があったればこそであり、満腔《まんこう》の謝意を表します。

令和五年二月吉日

松陰神社名誉宮司・顧問

上田俊成

吉田松陰　略年譜（年齢は数え年、年齢欄の○数字は本書の語録の通し番号）

和暦 西暦	年齢 ○数字は本書語録番号	事績	主要著述 参考事項
文政13年 天保元 （12・10改元） 1830	1歳	8月4日　父萩藩士杉百合之助、母瀧の次男として出生。幼名虎之助、のち大次郎、松次郎、寅次（二）郎と改める。本名は矩方《のりかた》、学名は義卿、子義。号名は松陰、二十一回猛士。	
天保5年 1834	5歳	叔父吉田大助（父杉百合之助の次弟）の仮養子となる。吉田家は山鹿流兵学師範として代々藩主毛利家に仕える藩士。	
天保6年 1835	6歳	4月3日　吉田大助歿。（享年二十九） 6月20日　吉田家八代目を継ぎ、名を大次郎と改める。杉家に同居する。幼少のため、藩命により家学教授を渡辺六兵衛、林真人、玉木文之進（父杉百合之助の三弟）、石津平七等が代理する。玉木文之進より「孟子」の学を受ける。	天保8年4月27日 藩主毛利敬親家督を相続。

天保9年 1838	9歳	1月 家学教授見習として藩校明倫館に出仕。	8月 村田清風、藩財政の改革に着手。
天保10年 1839	10歳	11月 明倫館にて初めて家学を教授する。藩命により代理教授を廃止し、林真人、石津平七、山田宇右衛門が後見人となる。	7月 村田清風等天保の改革を実施。
天保11年 1840	11歳	4月 藩主毛利敬親の前で「武教全書」を講義する。(初めての親試…御前講義)	
天保13年 1842	13歳	この年、玉木文之進が松本村新道の自宅で漢学塾を開き松下村塾と名付ける。藩主の親試があり、「武教全書」を講義。	
天保15年 弘化元 (12・2改元) 1844	15歳	9月7日 藩主の親試があり、「武教全書」、「孫子」を講義する。賞されて、「七書直解」を賜わる。	
弘化2年 1845	16歳	山田亦介に入門し、長沼流兵学を修める。亦介により世界の大勢に目を開く。	

弘化3年 1846	17歳 ① ② 18歳 ③	11月　この頃、山田宇右衛門から「坤輿図識」を贈られその説に感じ、外患を憂え、国防について講究する。	
弘化5年 嘉永元 (2・28改元) 1848	19歳 ④	1月　家学後見人は皆解職され、独立の師範となる。 10月4日　「明倫館御再興に付き気附書」を上申する。	
嘉永2年 1849	20歳 ⑤ ⑥	6月4日　藩主の親試で「武教全書」講義。 この月、藩命により、須佐、大津、豊浦、赤間ヶ関等長州藩北部・西部の海岸防備の実情を踏査する。 10月10日　門人を率いて萩郊外の羽賀台で演習を行う。	「廻浦紀略」 3月　新明倫館落成
嘉永3年 1850	21歳 ⑦	5月27日　藩主の親試で、「中庸」を講義する。 8月20日　同じく、「武教全書」を講義する。 8月25日　九州遊学のため萩を出発する。	「西遊日記」 「未忍焚稿」

		萩—小倉—佐賀—大村—長崎—平戸—長崎—島原—熊本—柳川—久留米—小倉—萩（12月29日） 長崎で通訳に中国語を学び、唐館、蘭館を見学して海外の事情を知る。 この頃、義卿の字名を使いだす。	7月 佐久間象山、江戸深川で砲術教授を始める。
嘉永4年 1851	22歳 ⑧ ⑨ ⑩	3月5日 兵学研究のため、藩主の東行に従い萩を発つ。 第一回江戸遊学。 3月18日 初めて楠木正成の墓を拝す。 4月9日 江戸到着、桜田の毛利藩邸を居所として学問に精励。 安積艮斎、山鹿素水、佐久間象山等に学ぶ。 4月27日 藩邸で兵学の講義を行う。（以後毎月二回講義） 6月13日 宮部鼎蔵（熊本藩士）と共に、鎌倉の瑞泉寺に叔父の竹院和尚を訪ね、その帰途、相模、安房の沿岸を踏査する。 7月23日 東北遊歴の許可を受ける。	「武教全書講章」 「未焚稿」 「東遊日記」

		12月14日 過書手形（通行許可証）が届くのを待たずに藩邸より亡命して東北遊歴の途につく。	
嘉永5 1852	23歳 ⑪～⑮	江戸―水戸、4年12月24日宮部鼎蔵、江幡五郎と落ちあう。―白河―会津若松―新潟―佐渡―新潟―久保田（秋田）―弘前―青森―盛岡―仙台―米沢―会津若松―日光―江戸 この間会沢正志斎らと交わる。 4月5日 江戸に帰り、鳥山新三郎宅に宿泊。 4月10日 藩より帰国の命が下る。 4月18日 江戸を出発し、5月12日萩に到着、杉家で謹慎して藩の命を待つ。国史関係の書を多く読む。 11月より、松陰の号を常用する。 12月9日 亡命の罪により、士籍、家禄を剥奪され、父杉百合之助の育（はぐくみ）となる。通称名を松次郎とする。父百合之助は藩主のすすめに従って、松陰の十年間の遊学許可内意伺書を提出する。	「東北遊日記」 「猛省録」 「睡余事録」

嘉永6 1853	24歳 ⑯〜⑳	1月16日 諸国遊学の許可がおりる。 1月26日 諸国遊歴のため萩を出発する。 この頃、通称名を寅次（二）郎と改称。 第二回江戸遊学 萩—富海—多度津—大坂—大和五条—奈良—伊勢—桑名—中仙道—江戸（5月24日） 6月4日 ペリー艦隊の浦賀入港を聞き、浦賀に向けて出発。 6月10日 江戸に帰る。 この頃、佐久間象山と盛んに時事を論ず。 9月18日 江戸を発ち長崎に向う。 海外視察のため、長崎沖に来航中のロシア艦に乗船する目的であった。 10月19日 熊本の宮部鼎蔵方に宿泊し、横井小楠と会う。 10月27日 長崎着。しかしプチャーチン率いるロシア艦は出航後であった。 11月13日 長崎より熊本を経由して萩に帰着。 11月26日 萩に来た宮部鼎蔵等と江戸に向け出立。	「将及私言」 「急務条議」 「急務策」 「癸丑遊歴日録」 杉家が新道の借宅へ転居（現在の松陰神社境内） 6月3日 ペリー米艦隊浦賀に来航。大統領親書を幕府に渡す。

		12月27日 江戸に着き、鳥山新三郎宅に寄宿する。 この頃、萩藩を亡命して鳥山宅に寄宿していた金子重輔と会い師弟関係となる。	
嘉永7 安政元 (11・27改元) 1854	25歳 ㉑ ㉒ ㉔ 〜 ㉛	3月5日 金子重輔と下田に向い江戸を発つ。 3月6日 神奈川で佐久間象山と会う。 下田踏海。 3月18日 下田到着。 3月27日 夜(28日午前2時)米艦ポーハタン号乗船に成功したがアメリカ渡航を拒否される。 3月28日 下田で自首する。 4月15日 江戸伝馬町の幕府の獄舎に入れられる。 9月18日 幕府より自藩幽閉の命を受ける。 10月24日 萩に到着。直ちに野山獄に入れられる。 幕命は「父百合之助へ引渡し、蟄居申付」であったが、萩藩が幕府を慮り獄に入れる。 11月2日 「二十一回猛士の説」を作り、以後この号名を使う決意を表明。	3月3日 日米和親条約締結 下田、箱館開港 「海戦策」 「幽囚録」 8月23日 日英和親条約締結 長崎、箱館開港 12月21日 日露和親条約締結 下田、長崎、箱館開港

安政2 1855	26歳 ㉓ ㉜ 〜 (55)	1月11日 金子重輔、岩倉獄にて病死。 3月9日 月性と文通する。 4月12日 野山獄にて同囚の人たちへ「孟子」の講義始める。 9月13日 宇都宮黙霖との文通論争始まる。 12月5日 病気保養を理由として野山獄を出され、実家杉家の幽囚室に入る。 近隣の子弟が密かに学びに来るようになる。	「野山獄文稿」 「野山雑著」 （獄舎問答） （福堂策） 「回顧録」 12月23日 日蘭和親条約締結
安政3 1856	27歳 (56) 〜 (75)	6月18日 幽囚室での「孟子」の講義修了。「講孟余話」の講録成る。 8月 黙霖再来萩して文通。松陰の倒幕思想顕著になる。 8月22日 近隣子弟に武教全書の講義を始める。後の松下村塾の基となる。 9月4日 久保五郎左衛門の塾のために「松下村塾記」を作る。久保は松下村塾の名を襲用する。 10月14日 松陰の尽力により野山獄囚の多くが放免される。	「講孟余話」 「武教全書講録」 「丙辰幽室文稿」 「丙辰日記」

		12月18日	梅田雲浜萩に来て、松陰と会見する。	
安政4 1857	28歳 (76) (77)	3月	この頃、幽囚室における松陰の講義が盛んとなり、松下村塾（久保塾）の門弟の多くが講義に列するようになる。	「丁巳幽室文稿」 「討賊始末」 「二十一回叢書」 「野山獄読書記」
		7月	富永有隣が松陰の尽力で野山獄を出て、松下村塾で松陰の子弟教育を助ける。	
		11月5日	杉家の宅地内の小舎を補修して、松下村塾に充て、久保塾を事実上松陰が主宰する。	
			この年は、後に活躍する人材が多く入塾する。久坂玄瑞、高杉晋作、前原一誠、馬島甫仙、品川弥二郎、飯田吉次郎、野村和作、岡部富太郎、伊藤博文等である。	
安政5 1858	29歳 (78) ～ (95)	2月	松下村塾門下生と藩校明倫館の嚶鳴社グループの対立の調停を僧月性に依頼する。	「戊午幽室文稿」 「幽窓随筆」 「急務四条」 「西洋歩兵論」 「松陰詩稿」
		3月11日	松下村塾の塾生が増加したので、塾舎の増築をし、この日完成する。	

6月15日 藩主毛利敬親が松陰の「狂夫之言」等を見て更に上書建言するよう伝える。

7月 この頃、松下村塾の最盛期。

9月27日 「時勢論」を作る。

9月28日 公卿大原重徳に長門下向をすすめる書を作る。

11月6日 同志十七名と血盟して、老中間部詮勝を要撃しようと謀る。

11月 間部要撃策が成り、12月15日に出発する予定とする。

11月29日 周布政之助が松陰の出発を阻止するため、藩主に願い、厳囚の処置をとる。

12月5日 借牢願い出の形式により投獄の藩命が下り、12月26日野山獄に再入獄となる。
これにより、松陰の松下村塾における教育が終る。

4月 井伊直弼大老となる。

6月19日 日米修好通商条約締結。間部詮勝老中となる。

9月 梅田雲浜、日下部伊三次等の尊攘派志士の逮捕が始まる。

（安政の大獄）

安政6 1859	30歳 (96)～(121)	1月	この頃、勤皇責幕運動について、義挙は時期尚早であるとする高杉晋作、久坂玄瑞等多くの門人と意見を異にする。	「己未文稿」 「孫子評注」 「坐獄日録」 「照顔録」 「東行前日記」 「縛吾集」 「涙松集」 「留魂録」
		1月15日	藩主が参勤で東上する途中、その駕籠を伏見に停めて京都に入らせ、三条、大原等倒幕派の公卿と会見させる伏見要駕策のことで萩に来ていた大高又次郎（備中の人）と平島武次郎（播磨の人）を藩政府要人と打合せしようとすることに関し、小田村伊之助と入江杉蔵等に周旋させるが、藩政府は面会を拒絶する。	
		1月24日	松陰は、要駕策の打合せの不首尾に憤慨して食を断つ。（父母、叔父の説得により翌日中止する）	
		2月24日	野村和作が松陰の意を受けて要駕策に対する松陰の大原重徳宛の書をもって脱走し上京の途につく。野村は実兄の入江杉蔵に代ってこの役目を引受けた。	

2月28日　入江杉蔵が松陰と事を謀ったかどにより岩倉獄に投ぜられる。
3月5日　藩主毛利敬親、東行のため出発する。
4月5日江戸着。
3月22日　野村和作、京都で自首し護送されて、岩倉獄に投ぜられる。
この頃、入江、野村以外の門人が松陰を敬遠する。
4月19日　幕府より江戸藩邸に松陰東送の命下る。
5月14日　兄梅太郎、松陰に東送の命を告げる。
翌日以後、多くの門人が獄を訪れ、松陰に別れを告げる。
5月24日　東送の命下り、司獄福川犀之助の好意で杉家に帰り、父母、親族、門人に別れを告げる。
5月25日　一旦獄に帰り、檻輿萩を出発する。
(涙松の別れ)
6月24日　江戸に到着し、桜田藩邸の牢に入れられる。

7月9日 幕府の評定所の呼出しがあり、幕吏の訊問を受け、伝馬町の獄に入れられる。

10月16日 口書読み聞かせがあり、松陰は死刑を予感する。

10月20日 父、叔父、兄宛の永訣書を認める。

10月26日 「留魂録」を作成する。

10月27日 朝、評定所において死罪の判決申し渡しがあり、正午頃、伝馬町の獄舎で処刑される。

引用及び参考文献

『吉田松陰全集』　山口県教育会編
大和書房発行
『吉田松陰撰集―人間松陰の生と死―』
財団法人松風会編並びに発行

参考文献

『国史大辞典』　吉川弘文館
『大漢和辞典』　大修館書店
『留魂録　吉田松陰の死生観』　松浦光修編訳　ＰＨＰ研究所発行
『吉田松陰―日本を発見した思想家』　桐原健真著　ちくま新書、筑摩書房発行
『吉田松陰と塾生―松陰の塾生についての記録集―』　松田輝夫編著　松陰神社発行
『資料で見る松下村塾の変遷』　松陰神社編並びに発行

〈著者略歴〉

上田俊成（うえだ・とししげ）

昭和16年山口県生まれ。國學院大學卒業。飯山八幡宮宮司、山口県神社庁長、神社本庁理事、山口県文化連盟会長、神社本庁研修委員、山口県神社庁顧問等を歴任。平成15年松陰神社宮司を経て、28年10月より同名誉宮司・顧問。

熱誠《ねっせい》の人 吉田松陰語録に学ぶ
人間力を高める生き方

令和五年三月二十日第一刷発行

著　者　上田　俊成
発行者　藤尾　秀昭
発行所　致知出版社
〒150-0001東京都渋谷区神宮前四の二十四の九
TEL（〇三）三七九六―二一一一
印刷・製本　中央精版印刷
落丁・乱丁はお取替え致します。　（検印廃止）

ISBN978－4－8009－1278－7 C0095
ホームページ　https://www.chichi.co.jp
Eメール　books@chichi.co.jp